“十二五”国家重点图书出版规划项目
长江黄金水道建设关键技术丛书

长江黄金水道发展战略研究

高惠君 谢 燮 著

人民交通出版社股份有限公司
China Communications Press Co.,Ltd.

内 容 提 要

本书为《长江黄金水道建设关键技术丛书》之一，主要介绍了长江水运航道、运输船舶、港口码头、船闸、桥梁等情况，分析了长江黄金水道现状，研究和阐述了国外内河水运发展历史，提出了典型国家内河水运发展可借鉴的经验，分析预测了长江水运发展外部环境和社会经济发展需求，研究提出了长江黄金水道发展战略指导思想、原则、目标和措施，并提出了相关政策建议。

本书可作为内河水运管理、内河水运技术经济研究人员和长江黄金水道发展专业研究人员的参考书，也可供关注我国内河航运和长江黄金水道发展的国内外人士阅读了解，并可供大专院校相关专业的师生参考。

Abstract

As one of the *Key Techniques for Construction of the Yangtze Golden Waterway Book Series*, this book introduces waterways, ships, ports, docks, locks, bridges of the Yangtze water transportation. It also analyzes status of the Yangtze golden waterway, introduces histories of inland water transportation development abroad, provides some reference experience from inland waterway development in typical countries, analyzes and forecasts external environment of the Yangtze water transportation development and the requirements of social and economic development, studies and proposes guiding ideology, principles, objectives and measures of strategies for the Yangtze golden waterway development, and offers relevant suggestions.

This book can serve as reference for not only researchers engaged in inland water portation management, technique or economy and the Yangtze golden waterway development, but also those domestic and overseas researchers who are interested in Chinese inland water transportation and the Yangtze golden waterway development, as well as teachers and students in colleges and universities.

图书在版编目 (CIP) 数据

长江黄金水道发展战略研究 / 高惠君，谢燮著． —
北京：人民交通出版社股份有限公司，2015.12
(长江黄金水道建设关键技术丛书)
ISBN 978-7-114-12564-5

Ⅰ. ①长… Ⅱ. ①高… ②谢… Ⅲ. ①长江—内河航运—发展战略—研究 Ⅳ. ①U6

中国版本图书馆 CIP 数据核字 (2015) 第 255426 号

长江黄金水道建设关键技术丛书

书　　名：长江黄金水道发展战略研究
著 作 者：高惠君　谢　燮
责任编辑：周　宇　张一梅
出版发行：人民交通出版社股份有限公司
地　　址：（100011）北京市朝阳区安定门外外馆斜街 3 号
网　　址：http://www.ccpress.com.cn
销售电话：（010）59757973
总 经 销：人民交通出版社股份有限公司发行部
经　　销：各地新华书店
印　　刷：北京盛通印刷股份有限公司
开　　本：787 × 1092　1/16
印　　张：11.25
字　　数：197 千
版　　次：2015 年 12 月　第 1 版
印　　次：2015 年 12 月　第 1 次印刷
书　　号：ISBN 978-7-114-12564-5
定　　价：40.00 元
（有印刷、装订质量问题的图书由本公司负责调换）

《长江黄金水道建设关键技术丛书》
审定委员会

《长江黄金水道建设关键技术丛书》主要编写单位

交通运输部长江航务管理局

交通运输部水运科学研究院

南京水利科学研究院

交通运输部长江口航道管理局

交通运输部天津水运工程科学研究院

中交第二航务工程勘察设计院有限公司

武汉理工大学

重庆交通大学

长江航道局

长江三峡通航管理局

长江航运信息中心

上海河口海岸科学研究中心

《长江黄金水道建设关键技术丛书》编写协调组

组　长　杨大鸣（交通运输部长江航务管理局）

成　员　高惠君（交通运输部水运科学研究院）

裴建军（交通运输部长江航务管理局）

丁润铎（人民交通出版社股份有限公司）

序

（为《长江黄金水道建设关键技术丛书》而作）

河流，是人类文明之源；交通，推动了人类不同文明的碰撞与交融，是经济社会发展的重要基础。交通与河流密切联系、相伴而生。在古老广袤的中华大地上，长江作为我国第一大河流，与黄河共同孕育了灿烂的华夏文明。自古以来，长江就是我国主要的运输大动脉，素有“黄金水道”之称。水路运输在五大运输方式中，因成本低、能耗少、污染小而具有明显的优势。发展长江航运及内河运输符合我国建设资源节约型、环境友好型社会以及可持续发展战略的要求。目前，长江干线货运量约 20 亿 t，位居世界内河第一，分别为美国密西西比河和欧洲莱茵河的 4 倍和 10 倍。在全面深化改革的关键期，作为国家重大战略，我国提出“依托长江黄金水道，建设长江经济带”，长江黄金水道又将被赋予新的更高使命。长江经济带覆盖 11 个省（市），面积 205.1 万 km^2，约占国土面积的 21.4%。相信长江经济带的建设将为“黄金水道”带来新的发展机遇，进一步推动我国水运事业的快速发展，也将为中国经济的可持续发展提供重要的支撑。

经过 60 余年的努力奋斗，我国的内河航运不断发展，内河航道通航总里程达到 12.63 万 km，航道治理和基础设施建设不断加强，航道等级不断提高，在我国的经济社会发展中发挥了不可估量的作用。长江口深水航道工程的建成和应用，标志着我国水运科学技术水平跻身国际先进行列。目前正在开展的长江南京以下 12.5m 深水航道工程的建设，积累了更多的先进技术和经验。因此，建设长江黄金水道具有先进的技术积累和充足的实践经验。

《长江黄金水道建设关键技术丛书》围绕“增强长江运能”这一主题，从前期规划、通航标准、基础研究、航道治理、枢纽通航，到码头建设、船型标准、安全保障与应急监管、信息服务、生态航道等方面，对各项技术进行了系统的总结与著述，既有扎实的理论基础，又有具体工程应用案例，内容十分丰富。这套丛书是行业内集体智慧之力作，直接参与编写的研究人员近 200 位，所依托课题中的科研人员超过 1 000 位，参与人员之多，创我国水运行业图书之最。长江黄金水道的建设是世界级工程，丛书涉及的多项技术属世界首创，技术成果总体处于国际先进水平，其中部分成果处于国际领先水平。原创性、知识性和可读性强为本套丛书的突出特点。

该套丛书系统总结了长江黄金水道建设的关键技术和重要经验，相信该丛书的出版，必将促进水运科学领域的学术交流和技术传播，保障我国水路运输事业的快速发展，也可为世界水运工程提供可资借鉴的重要经验。因此，《长江黄金水道建设关键技术丛书》所总结的是我国现代水运工程关键技术中的重大成就，所体现的是世界当代水运工程建设的先进文明。

是为序。

南京水利科学研究院院长
中国工程院院士
英国皇家工程院外籍院士

2015年11月15日

前　言

长江干线全长 6 300 余公里，干流横贯东西，支流沟通南北，通航条件十分优越。进入新世纪以来，长江水运呈现强劲发展势头，货运量及港口吞吐量均以两位数的速度增长，运输规模在世界通航河流中遥遥领先。截至 2014 年年底，长江经济带 9 省 2 市内河航道通航里程达到 90 336.2km，占全国内河航道通航里程的 71.5%；其中，长江水系 64 374km，京杭运河 1 438km；长江经济带内河港口完成货物吞吐量 9.4 亿 t，其中外贸货物吞吐量 2.9 亿 t，集装箱吞吐量 1 431.0 万 TEU；长江经济带水路货物运输量达到了 39.2 亿 t，比 2013 年增长 5.4%，其中内河货运量 26.0 亿 t。长江黄金水道已经成为沿江地区经济特别是外向型经济快速发展的重要保障、沿江地区经济快速发展和沿江产业带形成的重要支撑、促进我国东中西部地区区域经济协调发展的重要纽带、沿江综合运输通道的核心组成部分和保障沿江地区经济可持续发展的重要战略资源。

在长江黄金水道建设实施方案的推动下，长江黄金水道的航道治理、港口建设、船型标准化、三峡过坝运输扩能、水运保障及干支联动六大工程全面、有序地展开，并取得了显著成效：长江干线航道建设步伐加快，长江干线航道维护水深全面提升；港口建设力度加大，尤其是中上游港口新开工的项目较多；船型标准化推进工作加快，川江载货滚装船标准化船型推进工作初见成效，长江干线渡口、渡船标准化改造工作也全面推进；三峡过坝运输扩能工程有序推进，逐步形成“水—陆”翻坝转运格局；水运保障基础设施建设步伐明显加快，巡航与救助一体化、水上现代监管系统、水上搜救调度指挥系统、船舶防污系统、通信信息化工程等正在加紧实施建设；干支联动工程取得明显进展，长江主要支流如赣江、汉江、湘江、嘉陵江等重要通航河流梯级开发正在加快进行。

当前，内河水运发展已经上升为国家战略，国务院出台了《加快长江等内河水运发展的意见》，要求建设畅通、高效、平安、绿色的现代化内河水运体系。在国家全面建成小康社会和全面推进国家现代化的发展前景下，未来长江流域对水运的需求仍然强劲。2014 年 9 月 25 日，国务院印发《国务院关于依托黄金水道推动长江经济带发展的指导意见》（国发〔2014〕39 号），提出“要充分发挥长江运能大、成本低、能耗少等优势，加快推进长江干线航道系统治理，整治浚深下游航道，有效缓解中上游瓶颈，改善支流通航条件，优化港口功能布局，加强集疏运体系建设，发展江海联运和干支直达运输，打造畅通、高效、平安、绿色的黄金水道。”

现代交通运输业要求建立综合运输体系，内河航运是构建综合运输体系的重要组成部分，具有运能大、占地少、成本低、能耗小、污染轻、效益高的优势。由于多种原因，我国内河航运发展相对滞后，是综合运输体系中的一个薄弱环节，直接影响各种运输方式比较优势和组合效率的充分发挥。长江黄金水道是我国内河运输发展历史最为悠久、基础条件最好的河流，它的加快发展将有利于推动全国内河运输发展的进程。因此，有必要通过长江黄金水道战略的探索研究，进一步提高对于内河地位和作用的认识，指引长江水运的发展方向，并以长江黄金水道建设为示范，促进内河运输与其他运输方式协调发展，加快推动综合运输体系的建设。这既是内河运输自身发展的需要，也是转变发展方式，构建现代交通运输体系的具体要求。

笔者长期从事水运技术经济研究，承担并完成了多项有关内河运输发展的战略、政策等研究课题，为国家制定内河水运法规和政策提供了重要的决策参考依据。本书依托交通运输部软科学项目“长江黄金水道发展战略研究”课题，通过笔者深入调研，对长江黄金水道现状进行分析，研究和阐述了国外内河水运发展历史，提出了典型国家内河水运发展可借鉴的经验，对长江水运发展外部环境和社会经济发展需求进行了分析预测，研究提出了长江黄金水道发展战略指导思想、原则、战略目标和战略措施，并提出了相关政策建议。“长江黄金水道发展战略研究”课题开展过程中，笔者及课题组研究人员参加了多次长江水运发展协调领导小组会议及预备会、办公室会议等工作会议，将研究成果和阶段研究成果在会上介绍汇报，与政府有关管理部门及长江水运行业人员充分互动，部分观点和研究成果被采纳，形成政策和建议，因此，本书在编写过程中将重点放在研究的论述论证上，将大量的数据和背景分析奉献给读者。

在本书编写过程中，交通运输部总工程师赵冲久、交通运输部原总工程师蒋千、交通运输部长江航务管理局副局长朱汝明等领导、专家给予了指导并提出了宝贵建议；交通运输部长江航务管理局及长江沿线省（市）交通主管部门和港航企业，为调研和搜集数据提供了大力支持，在此表示深深感谢。同时，对参与交通运输部软科学项目“长江黄金水道发展战略研究”课题研究工作的课题组成员张华、李清、刘长俭、孙峻岩、骆义一并表示感谢。

作　者

2015 年 6 月

目　录

第1篇　现状与经验借鉴

第2篇　发展环境与需求

第3篇　发展战略与措施

第 1 篇

现状与经验借鉴

1 长江水运发展现状

1.1 长江水运发展现状分析

1.1.1 长江航运基础设施及装备现状分析

1.1.1.1 长江航道建设情况

长江干流全长 6 300 多公里，目前实际通航的航道上起云南水富、下至长江入海口，共计 2 838km。截至 2014 年，长江干流一级航道 1 140km，二级航道 1 284km，三级航道 414km，其中上海 119.8km、江苏 369.9km、安徽 342.8km、江西 78km、湖北 917.6km、湖南 80.4km、重庆 674.8km、四川 224.2km。长江经济带 9 省 2 市❶内河航道通航里程达到 90 336km，占全国内河航道通航里程的 71.5%；其中，长江水系 64 374km，京杭运河 1 438km[2]。

根据河道水文和地理特征，长江上中下游区段划分为：宜昌以上河段为上游，宜昌至湖口河段为中游，湖口以下河段为下游。根据航道养护管理的特点，长江上中下游区段划分为：宜昌以上为长江上游航道，宜昌至汉口为长江中游航道，汉口至长江口为长江下游航道。长江上游的主要特征是“险”，中游主要是“浅”，下游航道条件最好。长江干线航道总体上呈现“两头深、中间浅”的格局，中游的荆江河段成为万里长江著名的“瓶颈”河段，素有“万里长江，险在荆江”的说法。荆江河段位于湖北枝城至湖南城陵矶之间，347.2km 的河段有近 20 处碍航浅滩制约着航道的通过能力，从新中国成立到 2009 年，荆江河段枯水期只能勉强维护 2.9m 的航道水深。2011 年，荆江航道整治工程作为交通运输部“十二五”内河重点项目两大标志性工程之一，成为长江中游复杂河段首个长河段系统整治工程。工程重点对枝江至江口河段的 9 个滩段的 13 处浅滩或不稳定航槽实施了整治。工程总投资约 43.3 亿元，总工期为 42 个月。工程完成后，荆江河段航道尺

❶ 长江经济带 9 省 2 市指的是上海、江苏、浙江、安徽、湖北、湖南、江西、重庆、四川、贵州和云南。

度提前 5 年实现国家 2020 年规划目标，可以满足万吨级船队和 3 000 吨级货船双向通航的要求。长江上游的“险”，主要是指三峡库区以上的“川江河段”，是从宜宾到宜昌段，全长 1 030km，其中最险的应属宜宾到涪陵段。川江河段的特点是河水落差大，航道狭窄而弯曲，属于自然河段。因川江自然段航道弯曲狭窄，往下游行驶的船速快，操作稍有不当，很容易发生碰撞。川江事故多，还在于两船不能相会的地方太多。长江下游 1 043.2km 的航道常年只有 8 个地方不能相会，而长江上游仅涪陵到泸州的 360km 航道就有近 50 个地方不能相会。

国家对长江航道的建设与发展给予了高度重视，航道建设取得了较为显著的成绩。“八五”后期，特别是“九五”以来，在原交通部的重视和支持下，以实施长江中游界牌水道治理工程为标志，长江中下游航道建设步入了系统治理时期，相继成功治理了张南、碾子湾等一批重点碍航河段，有效地缓解了这些河段年年“战枯水”的紧张局面。近年来，积极围绕“深下游、畅中游、延上游”及“率先实现长江航道现代化”的建设目标，长江干线航道的面貌有了很大改观，全面提高了维护尺度，航道尺度及通航保证率有较大提高，航行条件明显改善，服务水平稳步提升。根据《长江干线航道总体规划纲要》，综合考虑长江航道发展状况、发展需求和建设条件，未来几年，长江航道将按照系统治理的思路，全面启动上游、中游、下游航道系统整治建设工程，加大投资力度，加快建设步伐，巩固、完善已经在“十一五”期达到规划标准的宜宾至重庆段、城陵矶至武汉段和安庆至南京段的航道建设成果，加快建设水富至宜宾段、宜昌至城陵矶段和武汉至安庆段等航道，力争提前实现规划建设目标。目前，长江干线江苏太仓以下航道水深达到 12.5m，南京至太仓段航道水深达到 10.8m，芜湖至南京段航道水深达到 10.5m，安庆至芜湖段枯水期航道最低水深达到 6m，武汉至安庆段航道最低水深达到 4.5m，武汉至城陵矶段航道最低水深达到 3.7m，城陵矶至枝江段航道最低水深达到 3.3m，宜昌至重庆段航道成为库区深水航道，重庆至宜宾段最低航道水深达到 2.7m；并成功将太平府、裕溪口支汊水道开通为公用航道，取得了“通支流”的重大突破[3]。

在长江上游，2015 年起将加快推进重庆段九龙坡至朝天门段航道整治、库区变动回水区碍航礁石炸除二期工程前期工作，完成重庆至涪陵 4.5m 水深航道建设研究工作，到 2020 年，实现宜宾至重庆段航道最低维护水深由 2.7m 提高至 3.5m，全年通航 2 000 吨级船舶；重庆至涪陵段航道最低维护水深 3.5m，积极开展 4.5m 水深航道建设研究工作，航宽由 100m 提高至 150m；涪陵至宜昌段航道最低维护水深 4.5m，航宽由 140m 提高至 150m，并进一步改善三峡库尾和三峡至葛洲坝两坝间航道条件。

在长江中游，2015 年将完成荆江航道整治工程主体工程施工，保证荆江航道最低维护水深达到 3.5m，满足 3 000 吨级货船双向通航要求，同时开工建设赤壁至潘家湾河段、鲤鱼山、宜昌至昌门溪河段一期等航道整治工程，并开展宜昌至昌门溪航道整治二期工程、荆江航道整治二期工程前期工作，到 2020 年，宜昌至城陵矶段航道最低维护水深提高到 4.0m 以上，昌门溪至城陵矶段航宽提高至 150m；城陵矶至武汉段航道最低维护水深由 3.7m 提高至 4.5m，航宽由 80m 提高至 150m；武汉至安庆段实现 6.0m 航道水深初步贯通，万吨级船舶常年直达武汉。

在长江下游，2015 年开工建设芜湖至南京之间江心洲河段航道整治工程，并力争开工建设东北水道航道整治工程，争取安庆二期、黑沙洲二期航道整治工程工可报告通过审批，到 2020 年，实现安庆至芜湖段航道最低维护水深从现在的 6.0m 提高至 7.0m，芜湖至南京段航道水深实现 10.5m 初步贯通，南京至浏河口段实现 12.5m 深水航道贯通，5 万吨级海轮常年直达南京[4]。

2014 年长江经济 11 省市航道通航里程见表 1–1。

2014 年长江经济带 11 省市航道通航里程（km） 表 1–1

省（市）	总 计	长江干流			支流水系			等外航道
		一级	二级	三级	一级	二级	三级	
合计	90 336.26	1 140	1 283.5	414	68	651.59	3 620.76	47 416.38
云南省	3 597.26	—	—	30	—	—	14	759.69
贵州省	3 664.1	—	—		—	—	—	1 262.1
四川省	10 720.07	—	—	224.25	—	—	71	6 895.56
重庆市	4 303.17	—	515	159.75	—	—	212	2 531.28
湖南省	11 887.3	—	80.4	—	—	—	539	7 752.7
湖北省	8 433.15	229.5	688.1	—	—	—	688.3	2 450.7
江西省	5 637.85	78	—	—	—	175	206.5	3 288.9
安徽省	5 729.25	342.8	—	—	—	—	478.84	589.41
江苏省	24 342.24	369.85	—	—	—	464.55	1 065.89	15 820.24
上海市	2 260.06	119.85	—	—	53.64	—	120.67	1 277.5
浙江省	9 761.81	—	—	—	14.36	12.04	224.56	4 788.3

资料来源：交通运输部长江航务管理局，《2014 长江航运发展报告》。

1.1.1.2 长江港口发展情况

随着沿江经济发展对长江水运需求的不断提升，长江黄金水道航道条件得到极大改善，港口建设取得重大进展，机械化、规模化和专业化水平明显提高。长江干流沿线已形成一批大中小港口相结合，以主要港口为骨干、地区性重要港口为辅、其他港口互为补充、分层次的港口布局，构成三峡库区、长江中游和长江三角洲区域性港口群，形成了以石化、煤炭、矿石、集装箱和通用件杂货等大宗货物运输为主体的运输格局。

近年来，长江港口码头专业化成效显著。长江干线的南通、苏州、南京、芜湖、九江、武汉、重庆等主要港口建成了一批专业化码头，初步形成了煤炭、原油、矿石、集装箱等主要货种运输系统。长江干线港口初步形成了以上海国际航运中心为龙头，重庆、武汉、南京等主要港口为骨干，其他地方重要港口为补充的发展格局，基本建立了集装箱、矿石、煤炭、汽车滚装、液化等专业化运输体系。

沿江重点码头泊位规模化、专业化、大型化建设步伐加快，并逐步发展成区域性的港口物流枢纽，为港口功能拓展和服务升级奠定了基础。2014 年，长江经济带 11 省内河港口共拥有生产性泊位 23 355 个，占全国内河港口的 90.3%;散货、件杂货物年综合通过能力 34.6 亿 t，集装箱年综合通过能力 2 110 万 TEU。2014 年长江干线生产专用码头泊位 3 742 个，散货、件杂货物年综合通过能力 17.8 亿 t，集装箱年综合通过能力 1 883.9 万 TEU[2]。其中，万吨级以上的码头泊位 397 个（江苏省 385 个，安徽省 12 个），拥有 11 个亿吨大港（南通、太仓、张家港、江阴、泰州、镇江、南京、芜湖、武汉、岳阳、重庆）。2014 年长江干线完成货物通过量 20.6 亿 t，同比增长 7.3%；完成外贸货物吞吐量 2.6 亿 t，同比增长 4.6%；完成集装箱吞吐量 1 300 万 TEU，实际增长 4.0%，均创历史最好水平。上海、武汉、重庆三大航运中心及南京区域性物流中心辐射带动能力明显增强，沿江地方依靠长江航运加快进行产业聚集，溯江而上产业转移速度加快。2014 年长江经济带 11 省市内河港口生产用码头泊位和能力见表 1–2。

2014 年长江经济带 11 省市内河港口生产用码头泊位和能力　　表1–2

类　别	全社会生产用码头泊位		综合通过能力			
省（市）	泊位个数（个）	码头总延米	散货、件杂货物（万 t）	集装箱（万 TEU）	旅客（万人）	汽车（万辆）
合计	23 355	1 305 812	345 784	2 110.37	26 031	463.7
云南省	190	8 840	457	—	1 549	—
贵州省	415	24 701	1 746	—	3 129	—
四川省	2 149	79 836	8 438	218	6 387	—

续上表

类　别	全社会生产用码头泊位		综合通过能力			
省（市）	泊位个数（个）	码头总延米	散货、件杂货物（万 t）	集装箱（万 TEU）	旅客（万人）	汽车（万辆）
重庆市	824	70 501	11 500	370	5 829	149
湖北省	1 940	156 605	30 283	191	3 510	180
湖南省	1 853	82 956	16 869	80	2 505	—
江西省	1 756	68 163	16 128	40	780	—
安徽省	1 344	88 536	50 161	67.87	806	72
江苏省	7 326	455 294	152 677	1 086.5	639	62.7
浙江省	3 596	174 501	36 795	57	879	—
上海市	1 962	95 879	20 730	—	18	—

资料来源：交通运输部长江航务管理局，《2014 长江航运发展报告》。

2014 年，长江干线和部分支汊河段航道维护水深进一步提高，航道维护水深保证率达到 100%。三峡船闸完成货运量 1.2 亿 t，超出设计通过能力 20%，葛洲坝船闸完成货运量 1.18 亿 t，再创历史新高。

1.1.1.3　长江运输船舶情况

“十五”以来，长江运输船舶总吨位和平均吨位不断提高，船舶运力结构进一步优化。在《“十一五”期长江黄金水道建设总体推进方案》的助推下，长江 7 省 2 市[1]运输船舶数量总体减少，但运力总量有所增加。船舶运力结构调整步伐加快，货运船舶大型化、标准化、专业化发展趋势明显；客运船舶朝向旅游化、舒适化发展，个体运输船舶经营人向公司化发展。截至 2014 年年底，长江经济带 11 省市拥有水上运输船舶 12.6 万艘（表 1–3），比 2013 年末减少 3.0%，占全国水上运输船舶的 73%；净载重吨 15 810.3 万 t，比 2013 年增长 7.8%，占全国的 61.3%；载客量 55.4 万客位，比 2013 年减少 2.4%；集装箱箱位 161.2 万 TEU，比 2013 年增长 60.0%。2014 年长江船型标准化进展明显，长江干线货运船舶平均吨位达到 1 260t，三峡库区货船平均吨位达到 2 700t，同比分别增长 7.7%、8.4%。船型标准化工作稳步推进，我国制定实施了《加快推进“十二五”期长江水系船型标准化工作方案》，积极推动新建标准示范船型，三峡船型、江海直达船型和清洁能源动力船舶等推广应用，2014 年开工新建 41 艘三峡船型、57 艘 1NG 动力船。

[1] 长江 7 省 2 市指的是上海、江苏、安徽、湖北、湖南、江西、重庆、四川、云南。

2014 年长江经济带 11 省市水上运输船舶拥有量　　表 1–3

省（市）	船舶数（艘）	其　中		载客量（客位）	净载重吨（t）	标准箱位（TEU）	总功率（kW）
		机动船（艘）	驳船（艘）				
合计	125 536	114 334	11 202	554 428	158 102 615	1 611 470	46 423 056
云南省	1 010	1 008	2	21 937	124 277	0	102 953
贵州省	2 234	2 209	25	52 450	131 130	0	159 400
四川省	7 642	6 564	1 078	83 672	1 146 567	5 581	527 405
重庆市	3 531	3 478	53	74 757	5 575 311	65 788	1 564 281
湖北省	4 744	4 500	244	45 671	7 632 938	23 368	1 865 489
湖南省	7 362	7 323	39	73 559	3 356 012	4 130	1 268 431
江西省	3 775	3 761	14	9 876	2 354 112	2 874	722 264
安徽省	29 497	27 938	1 559	14 727	36 803 154	44 442	9 294 436
江苏省	46 158	38 368	7 790	44 150	40 901 009	45 300	10 281 356
浙江省	17 781	17 447	334	78 133	24 053 074	19 207	6 568 896
上海市	1 802	1738	64	55 496	36 025 031	1 400 780	14 068 145

资料来源：交通运输部长江航务管理局，《2014 长江航运发展报告》。

2014 年长江经济带 11 省市货船舶运力情况见表 1–4，其中内河船舶数为 10.5 万艘，占货运船舶总数的 93.8%；净载重吨 8 556.1 万 t，平均载重量达到了 812t。从长江经济带 11 省市的情况看，安徽、江苏和浙江 3 省船舶数占总数的 80.5%，由此可见长江下游地区水运的发达程度；而上游地区的云南省和贵州省仅有 735 艘货运船舶，且运力为 24.4 万净载重吨。长江上游航运相对滞后，如何对接和承担国家“一带一路”战略不仅需要这些省市的内河航运人员精心谋划，还需国家政策的强力推动。

2014 年长江经济带 11 省市货运船舶运力情况　　表 1–4

省（市）	合　计			其中：内河		
	船舶数（艘）	净载重量（t）	平均净载重量（t/ 艘）	船舶数（艘）	净载重量（t）	平均净载重量（t/ 艘）
总计	111 627	157 948 491	1 415	105 384	85 561 119	812
云南省	182	113 379	623	182	113 379	623
贵州省	553	131 130	237	553	131 130	237
四川省	4 919	1 146 567	233	4 919	1 146 567	233
重庆市	2 489	5 575 131	2 240	2 487	5 551 724	2 232
湖北省	3 710	7 632 937	2 057	3 487	5 776 910	1 657

续上表

省（市）	合计			其中：内河		
	船舶数（艘）	净载重量（t）	平均净载重量（t/艘）	船舶数（艘）	净载重量（t）	平均净载重量（t/艘）
湖南省	4 806	3 355 694	698	4 770	3 089 591	648
江西省	3 484	2 354 112	676	3 439	2 153 242	626
安徽省	28 831	36 801 946	1 276	28 433	35 201 022	1 238
江苏省	44 636	40 845 683	915	43 278	28 472 633	658
浙江省	16 403	24 045 065	1 466	13 214	3 558 778	269
上海市	1 614	35 946 847	22 272	622	366 143	589

资料来源：交通运输部长江航务管理局，《2014 长江航运发展报告》。

2014 年长江经济带 11 省市拥有集装箱运输船舶共 723 艘，标准箱位为 132.2 万 TEU（表 1–5）。其中，内河集装箱运输船舶共 317 艘，4.5 万 TEU。从各省市的数据来看，上海市内河集装箱运输船舶最多，达到了 74 艘，箱位为 6 937TEU，平均箱位为 93.7TEU；其次是重庆市，其内河集装箱运输船舶达到了 67 艘，箱位达到了 18 565TEU，平均箱位为 277TEU，这来源于三峡库区较好的航运条件和旺盛的货运需求；与此同时，云南省和贵州省尚没有集装箱运输船舶。内河集装箱运输在长江不同区段的经济性需要深入探讨。

2014 年长江经济带 11 省市集装箱运输船舶运力情况 表 1–5

省（市）	集装箱船		其中：内河	
	运输船舶（艘）	标准箱位（TEU）	运输船舶（艘）	标准箱位（TEU）
总计	723	1 321 651	317	44 814
云南省	0	0	0	0
贵州省	0	0	0	0
四川省	21	2 734	21	2 734
重庆市	67	18 565	67	18 565
湖北省	10	1 447	10	1 447
湖南省	24	3 363	24	3 363
江西省	1	94	1	94
安徽省	41	9 225	26	4 310
江苏省	115	37 924	51	5 477
浙江省	72	18 098	43	1 887
上海市	372	1 230 201	74	6 937

资料来源：交通运输部长江航务管理局，《2014 长江航运发展报告》。

1.1.2　长江水路运输现状分析

作为长江经济带水路运输的主轴，长江干线在国内能源、原材料、矿建材料等大宗物资的运输以及外贸进出口货物运输中的地位和作用日趋明显，已成为我国内河水运最重要、运输规模最大和最为繁忙的通航河流。

20 世纪 80 年代，长江三峡地区没有高速公路，也没有铁路，水上旅客运输成为主要的旅客出行方式。随着高速公路、铁路的建成通车，长江客运逐步衰落。2004 年，万州至重庆的高速公路建成，改写了往日要乘船 24h，经过 327km 的水路才能到重庆的历史。随着沿江高速公路的快速发展和铁路运输的不断提速，长江客运量从 20 世纪 90 年代中期开始急剧下滑。2004 年，长江干线仅完成客运量 86 万人次，而 1988 年的客运量是 3 410 万人次。从 1985 年到 2004 年的 20 年时间，长江航运集团的客船总运力从 1988 年的 161 艘、12.6 万个客位，减少到 43 艘、17 302 客位。2010 年，万州至宜昌的火车开通，下游航线终断；万州至奉节的高速公路开通，曾经景气的快艇业也实行了停航。

三峡工程竣工后，长江成为世界上航道条件最好的内河，能通行万吨级游轮。长江客运也随之“变身”，正式跨入游轮度假时代。近年来，江上豪华游轮屡见不鲜，先后出现了 2 艘船身长度超过 130m，总吨位超过 1 万 t 的大型游轮，即“维多利亚—凯珍”号（长 133.8m、宽 18.8m，2009 年下水）和 2011 年 4 月 15 日在宜昌首航的世界上最大的内河豪华游轮“总统旗舰”号（船身长 135.2m、宽 19.6m）。未来，随着水上旅游的兴起以及豪华邮轮逐步向内河拓展，内河水路客运的运行模式、船舶、运价等都可能发生结构性变化，水上客运与旅游不断融合发展，进而推动内河客运的重新复苏。

近年来，国家逐步加大了长江航运基础设施建设力度，开启长江“黄金水道”全面建设新阶段。长江航道的航运潜能进一步得到释放，长江水运较好地满足了沿江经济发展的需求。长江水运在国内能源、原材料、矿建材料等大宗物资运输以及外贸进出口货物运输中的地位和作用日趋明显，成为我国区域协调发展、对外参与国际竞争与合作的支柱性交通走廊和经济发展的重要纽带，是我国内河水运最重要、运输规模最大和最为繁忙的通航河流。

1.1.2.1　长江水上运输增长迅速

2000 年以来，我国正处在工业化加速发展的阶段，国民经济和国内外贸易高速平稳增长，能源原材料和交通运输市场需求旺盛。伴随着沿海、沿江港口及内河航道投资力度的加大，水路运输呈现高速增长态势。长江沿江 9 省 2 市全社会水上货物运输量从 2000 年的 5.9 亿 t 增长到 2013 年的 21.7 亿 t，货物周转量从

2000 年的 7 695 亿 t · km 增长到 2013 年的 9 347 亿 t · km，年均增长率分别达到 10.5% 和 1.5%。其中，内河货物运输量和周转量分别为 16.6 亿 t 和 7 422 亿 t·km，内河货运平均运距 447km。

长江干线航道设有 27 个水上交通流量观测断面，2014 年日平均标准船舶流量的平均值为 655.2 艘次，比 2013 年增长 4.3%。其中，上游航道 6 个断面，日平均标准船舶流量的平均值为 203.0 艘次，下降 0.3%；中游航道 3 个断面，日平均标准船舶流量的平均值为 254.1 艘次，增长 5.3%；下游航道 18 个断面，日平均标准船舶流量的平均值为 872.8 艘次，增长 4.7%。2014 年，长江经济带水路货物运输量达到 39.2 亿 t，比 2013 年增长 5.4%，其中内河货运量 26.0 亿 t。从平均运距来看，9 省 2 市平均运距为 410.4km，而重庆内河运输平均运距为 1 158.4km，三峡库区航运优势显现无疑（表 1–6）。

2014 年长江经济带 9 省 2 市水路货物运输量 表 1–6

省（市）	货 运 量		货物周转量		其中：内河运输		
	统计量（万 t）	比 2013 年增长	统计量（亿 t · km）	比 2013 年增长	货运量（万 t）	货物周转量（亿 t · km）	平均运距（km）
总计	392 382.5	5.40%	44 671.6	7.20%	259 583.8	10 652.2	410.36
云南省	560	10.20%	13.1	12.40%	560	13.1	233.93
贵州省	1 375.4	20.40%	32.3	25.90%	1 375.4	30.9	224.95
四川省	8 361.1	17.80%	154.2	–2.90%	8 361.1	154.2	184.43
重庆市	14 117.0	9.20%	1 631.3	14.80%	14 047	1 627.2	1 158.40
湖北省	29 794.2	22.1%	2 316.2	29.3%	21 152.8	1 347.1	636.8
湖南省	25 687	11.2%	709.9	28.5%	25 461.8	505.8	198.7
江西省	9 152.5	5.5%	212	6.9%	8 654.6	151.8	175.4
安徽省	108 587	8.3%	5 298.2	7.8%	104 903	4 976.4	474.4
江苏省	85 328	6.2%	8 087.1	4.3%	51 603	1 505.2	291.7
浙江省	72 837.3	–5.0%	7 897.2	7.3%	21 113.1	294.6	139.5
上海市	46 583	–0.2%	18 320.1	4.7%	2 352	45.9	195.2

资料来源：交通运输部长江航务管理局，《2014 长江航运发展报告》。

1.1.2.2 长江成为大宗物资运输的重要通道

长江沿岸地区拥有规模庞大的冶金、电力、汽车、建材水泥、石油化工等企业，相关企业的改建、扩建和稳定发展，对传统的大宗干散货运输需求持续稳定增长。2014 年长江 11 省市完成水路货运量 39.2 亿 t，比 2013 年增长 5.4%；货运周转量 44 671.6 亿 t · km，比 2013 年增长 7.2%；平均运距 1 138.5km。

多年来，在长江货物运输量中起主要作用的骨干货类是：煤炭、石油、金属矿石、非金属矿石和矿建材料。2014 年长江 11 省市完成煤炭运输量 6.2 亿 t，完成石油天然气及制品运输量 3.0 亿 t，完成金属矿石运输量 2.3 亿 t，完成矿建材料运输量 13. 2 亿 t，完成水泥运输量 2.6 亿 t，完成非金属矿石运输量 1.8 亿 t。矿建材料、煤炭、石油天然气及制品、金属矿石为长江水路运输排名前四位的货物，分别占运输总量的 33.5%、15.9%、7.6% 和 5.9%（表 1–7）。

2014 年长江经济带 11 省市水路货运分货类运输量　　表 1–7

货　类	货运量（万 t）	货物周转量（亿 t · km）
合计	392 382	44 672
煤炭	62 280	6 097
石油天然气及制品	30 096	9 196
金属矿石	23 173	3 917
钢铁	13 013	1 359
矿建材料	131 625	4 666
水泥	25 500	1 258
木材	2 796	176
非金属矿石	18 231	1 021
化肥及农药	4 276	283
盐	3 258	145
粮食	7 570	795
其他	70 564	15 758

资料来源：交通运输部长江航务管理局，《2014 长江航运发展报告》。

2014 年长江经济带 11 省市轮驳船总计 12.6 万艘，净载重吨 1.6 亿 t，同比增长 7.8%，实现货运量为 39.2 亿 t，同比增长 5.4%。长江经济带内河轮驳船总计 11.9 万艘，净载重吨 0.9 亿 t，实现货物运输 26 亿 t，实现旅客运输 1.3 亿人（表 1–8、表 1–9）。

2014 年长江经济带 11 省市水路运力及客货运输量 表 1–8

省（市）	轮驳船总计		旅客运输		货物运输	
	艘数（艘）	净载重量（t）	客运量（万人）	旅客周转量（万人·km）	货运量（万 t）	货物周转量（万 t·km）
云南省	1 010	124 277	1 099	23 729	560	130 890
贵州省	2 234	131 130	2 335	53 743	1 375	323 000
四川省	7 642	1 146 567	2 678	26 534	8 361	1 542 222
重庆市	3 531	5 575 311	712	75 659	14 117	16 313 289
湖南省	7 362	3 356 012	1 449	28 444	25 687	7 099 397
湖北省	4 744	7 632 938	548	29 259	29 794	23 162 397
江西省	3 775	2 354 112	281	3 702	9 153	2 119 731
安徽省	29 497	36 803 154	178	3 227	108 587	52 982 354
江苏省	46 158	40 901 009	2 563	30 339	75 328	80 870 703
浙江省	17 781	24 053 074	3 581	55 587	72 837	78 971 645
上海市	1 802	36 025 031	369	10 623	46 583	183 200 921
合 计	125 536	158 102 615	157 93	340 846	392 382	446 716 548

资料来源：交通运输部长江航务管理局，《2014 长江航运发展报告》。

2014 年长江经济带 11 省市水路运力及客货运输量（内河） 表 1–9

省（市）	轮驳船总计		旅客运输		货物运输	
	艘数（艘）	净载重量（t）	客运量（万人）	旅客周转量（万人·km）	货运量（万 t）	货物周转量（万 t·km）
云南省	1 010	124 277	1 099	23 729	560	130 890
贵州省	2 234	131 130	2 335	53 743	1 375	323 000
四川省	7 642	1 146 567	2 678	26 534	8 361	1 542 222
重庆市	3 529	5 551 904	712	75 659	14 047	16 271 944
湖南省	7 326	3 089 909	1 449	28 444	25 462	5 057 586
湖北省	4 744	7 632 938	548	29 259	29 794	23 162 397
江西省	3 775	2 354 112	281	3 702	9 153	2 119 731
安徽省	29 497	36 803 154	178	3 227	108 587	52 982 354
江苏省	46 158	40 901 009	2 563	30 339	75 328	80 870 703
浙江省	17 781	24 053 074	3 581	55 587	72 837	78 971 645
上海市	1 802	36 025 031	369	10 623	46 583	183 200 921
合计	125 536	158 102 615	15 793	340 846	392 382	446 716 548

资料来源：交通运输部长江航务管理局，《2014 长江航运发展报告》。

1.1.2.3　三峡库区航运呈现跳跃式发展态势

2003 年 6 月三峡工程蓄水成库后，库区航行条件得到较大改善，直接带动库区航运跳跃式发展。2004 年，三峡船闸通过的货物是 3 431 万 t，2011 年，三峡断面过坝货物通过量达到 10 997 万 t，同比增长 25.0%。其中，三峡船闸通过的货运量为 10 032 万 t，同比增长 27.3%；三峡坝区滚装翻坝船舶 6 158 艘次，车辆 27.6 万车次，同比分别上升 3.5% 和 5.5%。数据显示，三峡船闸自 2011 年以来连续达到了年单向 5 000 万 t 的设计通过能力，日均运行闸次由运行初期的 16 ～ 17 闸次提高至 32 闸次，过闸船舶吨位也由 1 040t 提高至 3 784t，一次过闸平均吨位已达到 15 565t。受经济形势和汛期流量持续居高不下等因素综合影响，2012 年三峡船闸全年共运行 9 713 闸次，通过船舶 44 263 艘次，年货运量 9 149.4 万 t，较 2011 年下降 15.4%。2013 年，三峡船闸共运行 10 770 闸次，通过船舶 4.6 万艘次，旅客 43.2 万人次，货物 9 707 万 t。2014 年三峡船闸运行 10 794 闸次，通过船舶 44 458 艘次，旅客 52.1 万人次，年通过量达 1.2 亿 t。

三峡船闸过闸货运量统计见表 1–10、图 1–1。

三峡船闸过闸货运量　　表 1–10

年份	2004	2005	2006	2007	2008	2009	2010	2011	2012	2013	2014
货物运输量（万 t）	3 431	3 291	3 939	4 686	5 370	6 089	7 880	10 032	9 149	9 707	11 930
增长率（%）	—	–4.08	19.69	18.96	14.60	13.39	29.4	27.3	–15.4	6.1	22.9

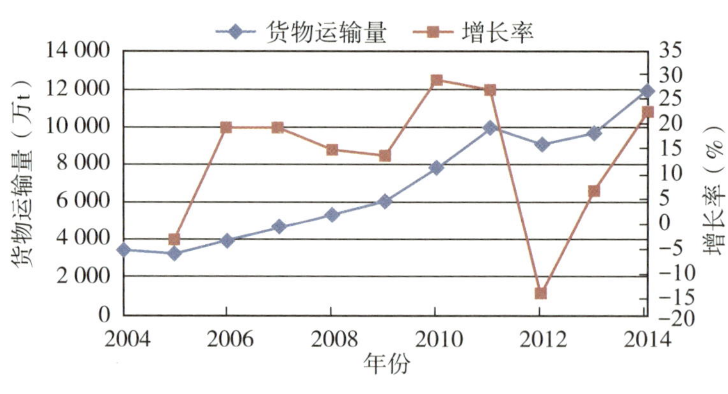

图 1–1　三峡船闸过闸货运量

1.1.3　长江港口货物吞吐量现状分析

1.1.3.1　长江干线港口货物吞吐量状况

2000 年以来随着我国进入新一轮经济增长期，长江干线港口货物吞吐量、外贸吞吐量、集装箱吞吐量等主要经济指标经历了持续高速增长，综合性大型枢纽港吞吐能力不断增加，主要港口已成为综合运输体系中的重要枢纽。2012 全年，长江干线规模以上港口完成货物吞吐量 17.5 亿 t，同比增长 10.4%。其中，外贸完成 2.3 亿 t，同比增长 15.1%；集装箱完成 1 240.7 万 TEU，同比增长 10.9%。旅客发运量完成约 646 万人次，同比下降 13.3%。从各区间吞吐量完成情况看，长江干线上游、中游、下游港口分别完成货物吞吐量 1.5 亿 t、1.7 亿 t、14.3 亿 t，同比分别增长 10.4%、7.8%、10.8%，继续保持增长态势。上游、中游、下游港口货物吞吐量占总吞吐量的比例分别为 8.6%、9.4%、82.0%。从分货类吞吐量完成情况看，各货种吞吐量生产差异明显。煤炭及制品、石油天然气及制品、金属矿石、钢铁、矿建材料、水泥、非金属矿石、化工原料及制品吞吐量分别完成约 4.1 亿 t、7 729.3 万 t、3.5 亿 t、1 亿 t、2.8 亿 t、1.1 亿 t、7 378.7 万 t 和 6 688.7 万 t，同比分别增长 8.7%、-2.7%、6.4%、-10.6%、26.8%、32.7%、2.8% 和 3.1%。从完成情况看，长江主要断面货运量出现较大降幅。三峡断面通过货运量 9 488.6 万 t，同比下降 13.7%。三峡船闸通过货运量 8 611.1 万 t，同比下降 14.2%；上下行货运量所占比重分别为 63.2% 和 36.8%。

2015 年上半年，长江干线规模以上港口完成货物吞吐量 10.3 亿 t，同比增长 7.1%，增速较 2014 年同期加快 1 个百分点。其中，外贸货物吞吐量完成 1.45 亿 t，同比增长 10.3%，增速较去年同期加快 3.9 个百分点，所占比重较去年同期提高 0.4 个百分点。上半年，三峡断面、三峡船闸通过货运量分别为 5 935 万 t、5 435 万 t，同比分别增长 4.3%、5.6%；三峡船闸上行通过货运量 3 302 万 t，同比增长 9.3%，占船闸通过量的 60.8%，较 2014 年同期增加 2 个百分点；三峡船闸运行闸次、通过船舶艘次分别减少 0.8%、增长 4.1%[10]。从长江干线港口企业的吞吐量数据来看，自 2012 年至 2014 年普遍迎来了上涨的局面（表 1-11）。其中，四川泸州港务有限责任公司、黄石港口集团有限公司、江苏江阴港集团股份有限公司的货物吞吐量增长明显，四川泸州港务有限责任公司、宜昌港务集团有限责任公司、武汉港务集团有限公司、安庆港远航控股有限公司、铜陵市港务有限责任公司、安徽皖江物流股份有限公司和泰州港务有限公司的集装箱吞吐量增长明显。

长江干线主要港口企业吞吐量统计 表 1-11

港口企业	货物吞吐量（万 t）			集装箱吞吐量（万 TEU）		
	2012 年	2013 年	2014 年	2012 年	2013 年	2014 年
四川宜宾港有限责任公司	—	—	216	—	—	118
四川泸州港务有限责任公司	161	208	332	13.5	21.3	32.0
重庆港务物流集团有限公司	3 752	4 055	4 581	67.4	79.7	89.7

续上表

港口企业	货物吞吐量（万 t）			集装箱吞吐量（万 TEU）		
	2012 年	2013 年	2014 年	2012 年	2013 年	2014 年
宜昌港务集团有限责任公司	682	554	636	76.0	10.3	12.3
荆州港务集团公司	617	722	805	8.7	9.4	10.0
城陵矶港务有限责任公司	881	772	837	30.0	3.1	32.0
洪湖港通达实业总公司	18	20	20	0	0	0
武汉港务集团有限公司	3 864	4 228	4 335	46.0	51.3	60.4
黄石港口集团有限公司	502	536	1 030	2.3	2.3	25.0
上港集团九江港务有限公司	1 103	1 215	1 302	16.0	18.3	20.1
安庆港远航控股有限公司	1 006	1 098	408	2.6	3.5	4.6
池州港远航控股有限公司	553	667	705	1.0	1.1	1.4
铜陵市港务有限责任公司	780	1 030	1 009	0.9	2.1	2.3
安徽皖江物流股份有限公司	1 035	966	927	25.0	28.8	40.3
马鞍山港口有限责任公司	2 360	1 895	1 774	1.2	0.5	0
南京港股份有限公司	8 469	8 568	8 952	225.1	263.1	275.1
镇江港务集团有限公司	6 983	7 100	6 765	34.1	28.3	28.1
江苏省扬州港务集团有限公司	3 203	3 040	3 185	40.4	44.4	47.8
泰州港务有限公司	5 227	6 389	6 671	13.7	17.3	19.1
江苏江阴港集团股份有限公司	2430	3 040	3 721	0	0	0
张家港港务集团有限公司	5 999	6 464	4 990	147.4	167.3	95.8
南通港口集团有限公司	5 405	6 353	6 360	47.3	50.1	55.0
常州新长江港口有限公司	804	801	968	0	0	0
常熟兴华港口有限公司	1 079	1 250	1 346	9.1	8.9	9.9
太仓国际集装箱码头有限公司	1 037	1 279	1 238	47.2	50.4	53.4
合计	57 950	62 250	6 3113	759.5	861.5	874.8

1.1.3.2　综合性大型枢纽港发展迅速

上海港货物吞吐量已连续多年位居全球第一，集装箱吞吐量已超过新加坡居全球第一。洋山港区的成熟运作，不仅增强了上海港参与国际集装箱运输的综合竞争能力，也增强了上海港对长三角地区特别是对长江流域外贸货物的辐射作用，助推长江流域货物的集装箱化转变。2014 年，在上海港 3 528.5 万 TEU 的集装箱吞吐量中，上海港的外贸集装箱除本地箱源以外，约 90% 来自长江流域；内贸集装箱箱源近 60% 分布在长江流域港口；内贸支线运输货源中，长江流域地区占总量的 80%。

中部崛起战略的实施，以武汉新港为主体的中游航运中心的建设，使武汉港从地区性向枢纽性转变。2005 年以来，武汉港的集装箱吞吐量开始以 35% 的增速迅速增长，对武汉及其周边城市群的经济发展正发挥越来越重要的支撑作用。武汉新港 2010 年正式成立，由原武汉港和黄冈市、鄂州市、咸宁市的部分港区组成，港区及腹地面积达 9 300km^2。主力港区在武汉阳逻，已建成一期、二期工程。三期工程已开建，将增加 74 万 TEU 的年吞吐能力。根据新港规划，新港将重点规划建设 2 大集装箱港区、1 个新港商务区、5 座临港新城、12 个临港产业园区，建成后成为仅次于南京的中国内河航运第二大港口。2014 年武汉新港完成货物吞吐量 14 600 万 t，其中集装箱吞吐量突破 100 万 TEU。不少湖南的集装箱通过小船运到武汉，再换大船运到上海，具备一定的成本优势。上游重庆的货轮受三峡大坝限制，直接运往上海不方便，货物走铁路到武汉，再通过水路运输，具有一定的快捷性和经济性。

三峡工程的建设和西部大开发战略的实施，重庆“上游航运中心”的建设，直接带动川渝地区航运跳跃式发展。自 2009 年国家将重庆定位为长江上游航运中心以来，重庆航运得到长足发展，全港货物吞吐能力达到 1.6 亿 t，货船运力突破 600 万载重吨，水运重要指标年均增长率为 15% 左右，周边省市货物中转量占重庆港口货物吞吐量的 40% 以上。重庆港已经成为长江上游地区最大的集装箱集并港、大宗散货中转港，2011 年跻身长江干线亿吨大港之列。重庆港（包括全市沿江港口）货物吞吐量由 2000 年的 2 135 万 t 增长到 2014 年的 14 685 万 t，年均增长 14.8%，其中集装箱吞吐量由 2000 年仅 3.02 万 TEU 增长到 2014 年的 109.8 万 TEU，年均增长高达 29.3%。重庆港已成为长江上游物流枢纽。重庆水运货运量约占长江上游地区的 70%，货运周转量约占长江上游地区的 90%，集装箱吞吐量约占长江上游地区的 80%，周边省市货物中转量占重庆港口货物吞吐量的 45%。

1.1.3.3　2014 年长江经济带港口发展状况

2014 年长江经济带 11 省市港口完成货物吞吐量 59.5 亿 t（表 1–12），比上年增长 4.7%，占全国港口货物吞吐量的 47.8%。其中外贸货物吞吐量占 20.1%，比上年增长 6.1%；集装箱吞吐量为 7 606.5 万 TEU，比上年增长 4.3%。长江经济带内河港口完成货物吞吐量 39.4 亿 t，其中外贸货物吞吐量 2.9 亿 t，集装箱吞吐量 1 431.0 万 TEU。长江上游地区港口完成货物吞吐量 2.5 亿 t,同比增长 7.4%，占全部港口货物吞吐量的 4.2%；中游地区港口完成货物吞吐量 8.5 亿 t，同比增长 12.8%，占全部港口货物吞吐量的 14.3%；下游地区港口完成货物吞吐量 48.4 亿 t，同比增长 3.3%，占全部港口货物吞吐量的 81.5%。长江中上游地区港口吞吐量增速较快，下游地区增幅放缓，长江内河运输不同区段的不均衡性有所趋缓。

2014 年长江经济带 11 省市港口货物吞吐量　　表 1–12

省（市）	全港				其中：内河港口			
	货物吞吐量（万 t）		集装箱（万 TEU）	滚装汽车（万辆）	货物吞吐量（万 t）		集装箱（万 TEU）	滚装汽车（万辆）
	合计	其中：外贸			合计	其中：外贸		
总计	594 831.4	123 319.5	7 606.5	531.3	393 957.4	28 640.1	1 4310	142.7
云南省	545.7	48			545.7	48		
贵州省	688.6				688.6			
四川省	9 159.1	50.6	44.1		9 159.1	50.6	44.1	
重庆市	14 684.7	506.9	101.5	71	14 684.7	506.9	101.5	71.0
湖北省	28 969.1	1 248.9	125.6	58.1	28 969.1	1 248.9	125.6	58.1
湖南省	25 322.3	367.6	33.6		25 322.3	367.6	33.6	
江西省	30 974.8	269	32.1		30 974.9	269	32.1	
安徽省	43 837.9	419.6	76.4	8.2	43 837.9	419.6	76.4	8.2
江苏省	226 049.2	37 990.9	1 500.5	5.4	200 305.6	25 585.3	989.6	5.4
浙江省	139 071.1	44 186.1	2 164.2	235.9	30 894.5	144.2	28.1	
上海市	75 528.9	38 231.9	3 528.5	152.7	8 575			

资料来源：交通运输部长江航务管理局，《2014 长江航运发展报告》。

2014 年长江经济带 11 省市内河港口货物吞吐量见表 1–13。

2014 年长江经济带 11 省市内河港口货物吞吐量　　表 1–13

货类	货物吞吐量		分区域吞吐量（万 t）		
	绝对数（万 t）	比上年增长（%）	上游地区	中游地区	下游地区
合计	393 957.4	4.9	25 078	129 104.3	239 775.1
1. 液体散货	17 587.4	2.8	671.5	2 833.1	14 082.8
其中：原油	2 375.3	0.7	37.6	526.7	1 811.0
成品油	5 703.9	–1.6	366.3	1 696.5	3 641.1
液化气、天然气及制品	609.8	–9.1	54.9	170	384.9
2. 干散货	29 8362.2	4.8	17 455.5	10 7421.5	17 3485.2
其中：煤炭及制品	71 817.3	3.6	2 344	13 149.5	56 323.8
金属矿石	49 572	7.3	1 318.2	11 580.6	36 673.2
散水泥	31 819.8	145.4	506.8	25 048.1	6 264.9
散粮	2 477.3	–1.8	96	328.6	2 052.8
散化肥	775.1	270.9	46.4	226	502.7

续上表

货类	货物吞吐量		分区域吞吐量（万 t）		
	绝对数（万 t）	比上年增长（%）	上游地区	中游地区	下游地区
3. 散杂货	53 698.9	3.2	3 147.6	11 034.8	39 516.5
其中：木材	5 463.1	81.7	142.5	2 367.6	2 953
粮食	5 414.8	13.2	145.8	952.9	4 316.1
化肥	2 346	−13.6	329.3	924.1	1 092.5
水泥	8 749.3	5.4	583.6	3 731.2	4 434.6
4. 集装箱（万 TEU）	1 613.8	10	145.6	450.5	1 017.7
5. 滚装汽车（万辆）	176.3	34.6	71	99.9	5.4

资料来源：交通运输部长江航务管理局，《2014 长江航运发展报告》。

2014 年长江经济带货物吞吐量超过亿吨的内河港口达到了 11 个，其中江苏省的港口占据了其中的 6 个，见表 1−14。

2014 年长江经济带 11 省市货物吞吐量超过亿吨的内河港口　　表 1−14

排序	港口	货物吞吐量		其中：外贸货物吞吐量	
		吞吐量（万 t）	比上年增长（%）	吞吐量（万 t）	比上年增长（%）
1	苏州港	47 792	9.9	12 302.3	15.6
2	南通港	21 599.4	5.4	4 813.6	6.1
3	南京港	21 000.8	4.0	1 974.3	−10.4
4	泰州港	15 822	2.6	1 629.5	27.3
5	重庆港	14 684.7	7.4	506.9	13.2
6	武汉新港	14 600	10.3	705.6	4.8
7	镇江港	14 061.2	−0.3	2 313.3	−12.8
8	江阴港	12 462.3	−1	1 333.3	−9.7
9	岳阳港	12 021	10.6	240.2	9.9
10	芜湖港	10 847.4	16.5	224.3	18.1
11	嘉兴内河港	10 109.9	−9	79.8	—

资料来源：交通运输部长江航务管理局，《2014 长江航运发展报告》。

从内河集装箱港口来看，吞吐量超过 20 万 TEU 的港口有 12 个。其中，泸州港集装箱吞吐量达到了 59.7% 的高速增长。芜湖港和重庆港增幅接近 40%，而下游地区的江阴、苏州、镇江等港口集装箱吞吐量在经历了过去较快速度的增长之后呈现负增长的态势（表 1−15）。

2014 年长江内河港口集装箱吞吐量　　表 1–15

集装箱吞吐量超过 20 万 TEU 的港口			长江支流主要集装箱港口		
港　口	吞吐量（万 TEU）	同比增长（%）	港　口	吞吐量（万 TEU）	同比增长（%）
苏州港	445.0	–16.1	合肥港	15.4	53.2
南京港	276.5	3.6	嘉兴内河港	15.2	6.7
重庆港	125.6	38.6	湖州港	12.1	39.9
武汉新港	100.5	17.8	长沙港	11.3	22.6
南通港	71.1	18.3	淮安港	10.3	50.6
扬州港	55.2	9.3	南昌港	9.6	5.7
江阴港	52.2	–56.6	无锡港（京杭运河）	2.8	11.6
芜湖港	40.3	39.9			
镇江港	37.5	–1.3			
泸州港	32.1	59.7			
九江港	22.4	14.9			
岳阳港	22.1	10.5			

资料来源：交通运输部长江航务管理局，《2014 长江航运发展报告》。

1.1.4　长江水运市场运行现状分析

2008 年年底，受国际金融危机影响，煤炭及制品、石油及制品、金属矿石、钢铁、化工原料及制品、粮食、外贸货物和集装箱等长江航运主要货源锐减，长江港航企业对长江航运宏观经济发展信息急速下跌，长江航运市场骤冷。长江航运景气指数 77.1，长江航运信心指数 68.7，均跌入 2004 年以来长江航运景气调查以来的最低点。

2009 年国内外经济逐步转好，我国的政策推动效应明显，长江航运景气状况从谷底缓缓回升重返景气区间，港航企业对长江航运发展的信息逐步提升，长江航运景气状况呈现“V”形走势，并一直处于逐步攀升的状态。到 2009 年第三季度，长江航运景气指数达到景气临界点，表明自 2008 年国际金融危机以来长江航运首次回归景气状态。2010 年第二季度，长江航运景气指数达到了金融危机前 2008 年第二季度的水平，长江航运完全复苏。自 2010 年第二季度以后，长江航运景气指数一直微弱下挫，至 2012 年第一季度下降到景气临界线。2012 年第二季度景气指数虽经历了微弱的提升至景气区间，但到了第三季度便重归景气临界线之下，并经历了 5 个季度的不景气，至 2013 年第四季度重返景气区间，其后便在景气线上下徘徊。

总体来看，近年来长江航运景气状况不容乐观，基本处于非景气区间（图 1–2），货运需求增长缓慢以及能力供给严重过剩是根本原因。2014 年第三季度开始的世界原油价格大幅下挫，原本对内河运输的燃油成本节约是一个巨大利好，但由于过剩的运力难以消化，使得长江航运的景气度并没有随着这一利好因素持续向上。长江内河航运经过长期调整，已经进入平稳微利的平台期，要想重新进入明显景气的区间，需要颠覆性技术进步或者重大的利好政策出台。

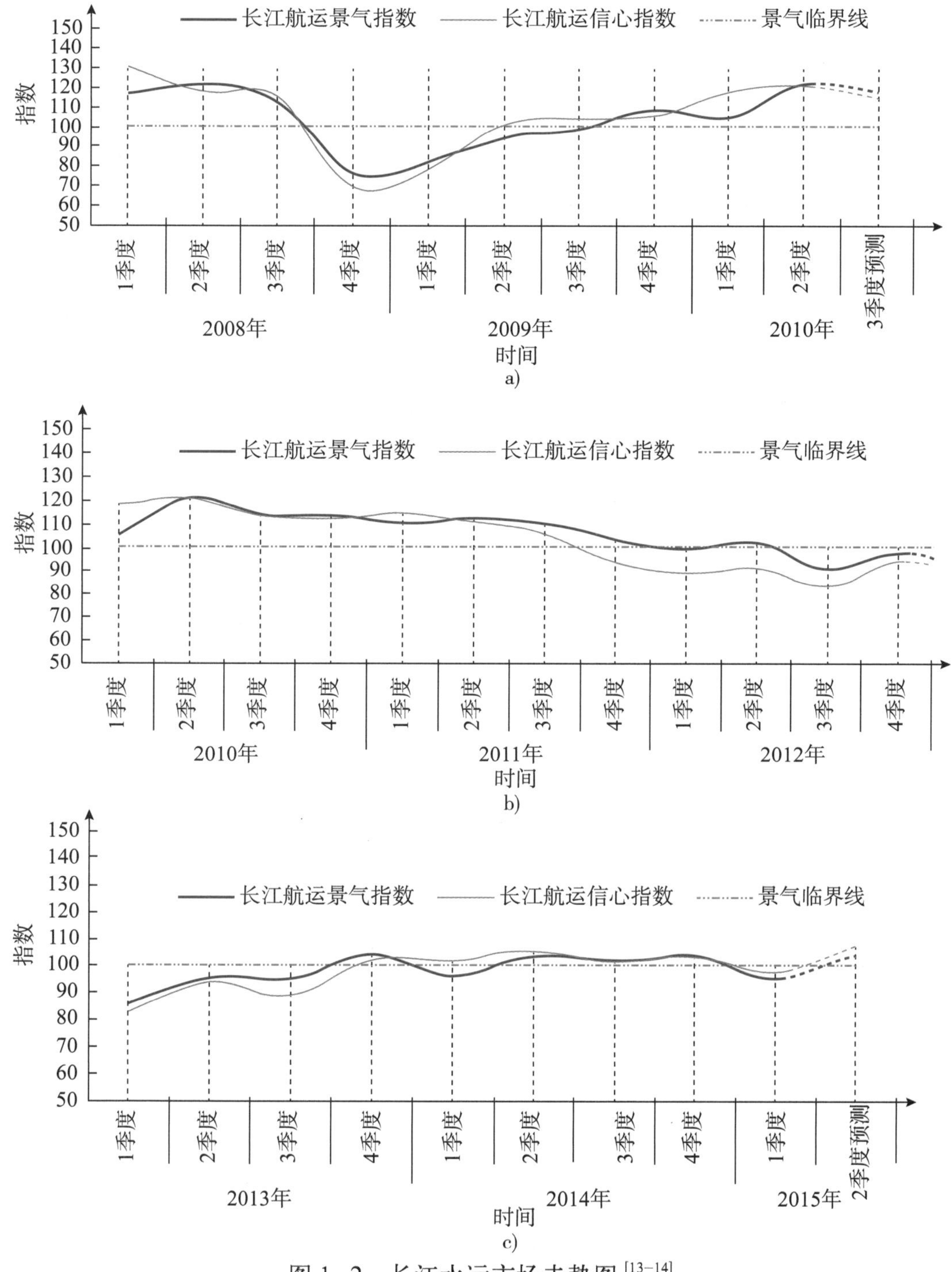

图 1-2　长江水运市场走势图[13-14]

从企业的运行状况来看（图 1–3），港口企业在 2008 年第四季度达到了最低谷，并在 2009 年第二季度实现了初步的景气迹象（达到了景气临界点）；在 2010 年第二季度达到了 2008 年第二季度的水平，景气度接近 130，并经历了 10 个季度的持续景气过程；于 2013 年第一季度降至景气临界点之下，之后反弹至微弱景气，并在景气临界线附近徘徊至今。总体来看，近年来长江港口企业基本处于微弱景气区间。航运企业与港口企业几乎同样在 2008 年四季度跌入谷底，并在随后的时间里逐步复苏。受增长的燃油价格等的影响，航运企业复苏的路程比较漫长，在 2009 年第四季度达到了景气临界点，并在以后的时间内呈波动性复苏态势。自 2010 年之后,港口企业一直处于景气区间,而航运企业则在景气与非景气之间徘徊。自 2011 年第四季度之后，航运企业一直处于景气临界线之下，在微弱的不景气状态下前行。港口企业受借地方政府的支持以及本身所具备的地域垄断性，微弱的景气能够对企业长远发展予以支持。然而，长期处于不景气区间的长江内河航运则会逐步销蚀其竞争力，需要内河航运企业的组织模式提升以及政策的跟进才能打破这样的持续不景气状况。

从航运经济指数来看（图 1–4），长江上游、中游、下游在不同历史时期的波动状况稍有差异。长江中下游地区与国际接轨比较紧密，其跌入谷底的时间基本与国际金融危机的时间相符（在 2008 年第四季度）；而长江上游跌入谷底的时间稍有滞后，为 2009 年第一季度，此时下游航运景气指数有一个小的波峰。上游景气指数基本是在 2009 年第二季度最先复苏。2010 年以来，下游基本都处于景气区间，只不过近几年处于微弱景气的状态。上游的景气区间时间相对比较多，而中游更多的时候处于不景气的区间。近三年，中上游一直处于不景气的区间。

从长江航运的运价来看，干散货运价指数在 2008 年 1 月底达到最低，为 687 点；2 月达到了 835 点，其后在低于此点的点位运行；在 2010 年 1 月达到了金融危机以来的最高点（851 点），其后稍有回落并平稳运行，与金融危机以前的 1 000 点还是有不小差距。自 2010 年以来，干散货运输一直处于低位运行状态，指数一般不超过 700 点。2015 年 5 月，干散货运输运价指数仅为 670 点。

从集装箱运输的运价来看，集装箱综合运价指数在 2009 年的 4 月跌入谷底，为 903 点；其后迅速回升，并呈现小幅震荡的复苏态势，并于 2010 年 1 月达到一个小的波峰 961 点；2010 年以来在景气区间大幅波动。至 2011 年 9 月，该指数上升至月 1 020 点之后一路向下，至 2013 年 4 月到达最低点 958 点；之后不断上升，至 2014 年 12 月到达接近 1 000 点的顶端。进入 2015 年以来，该指数又开始下行，如图 1–5 所示。从分区域来看，上游集装箱综合运价指数普遍好于中下游指数，并在 2013 年之后呈现分化的趋势（图 1–6）。

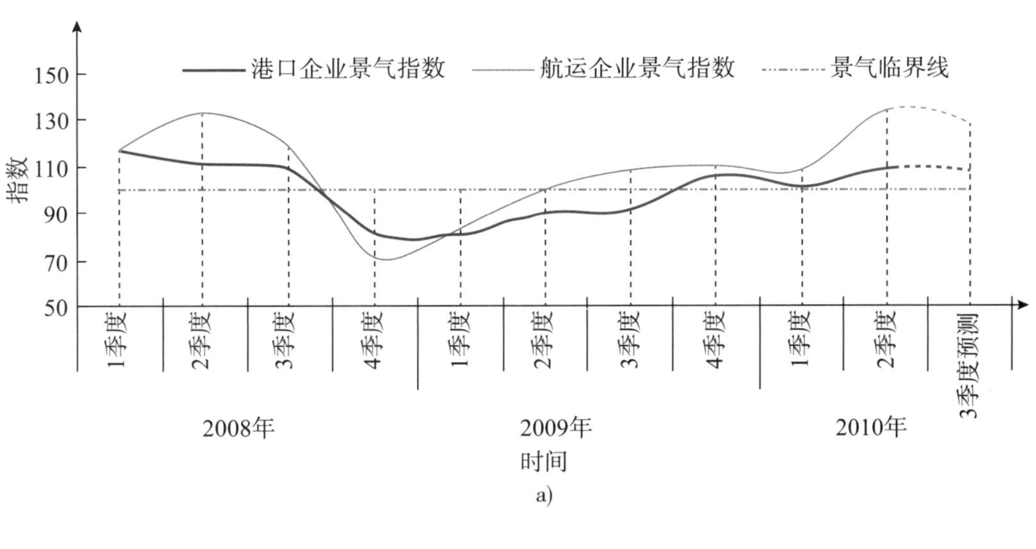

a)

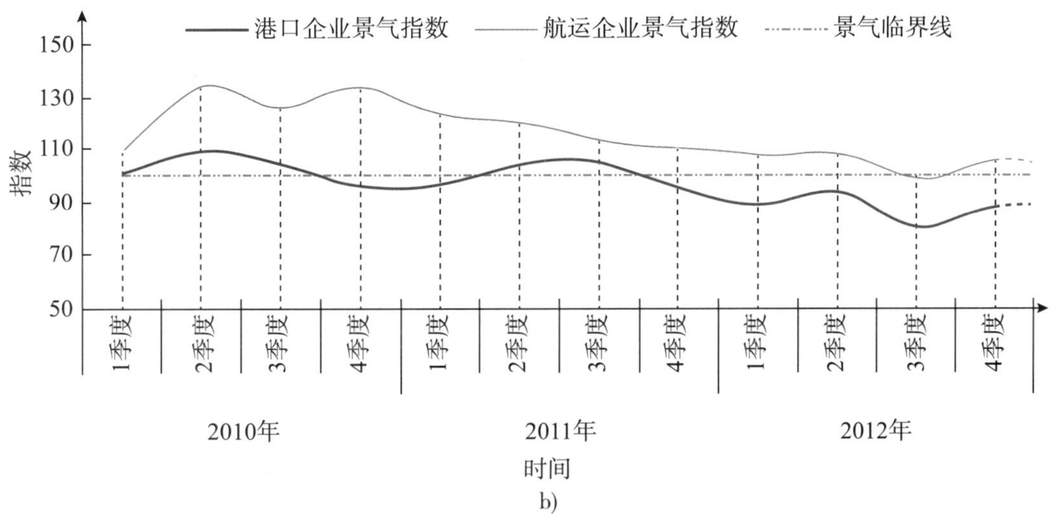

b)

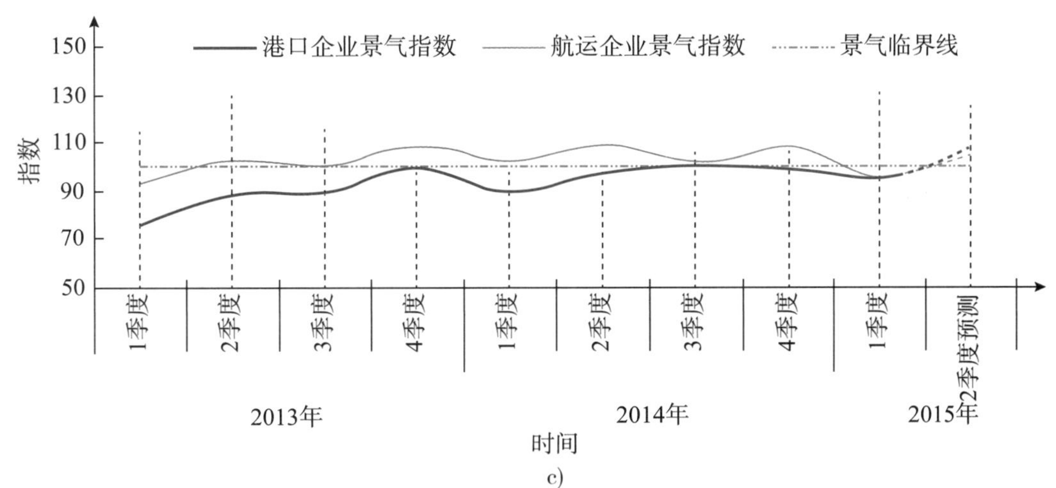

c)

图 1–3 长江港口企业景气走势图

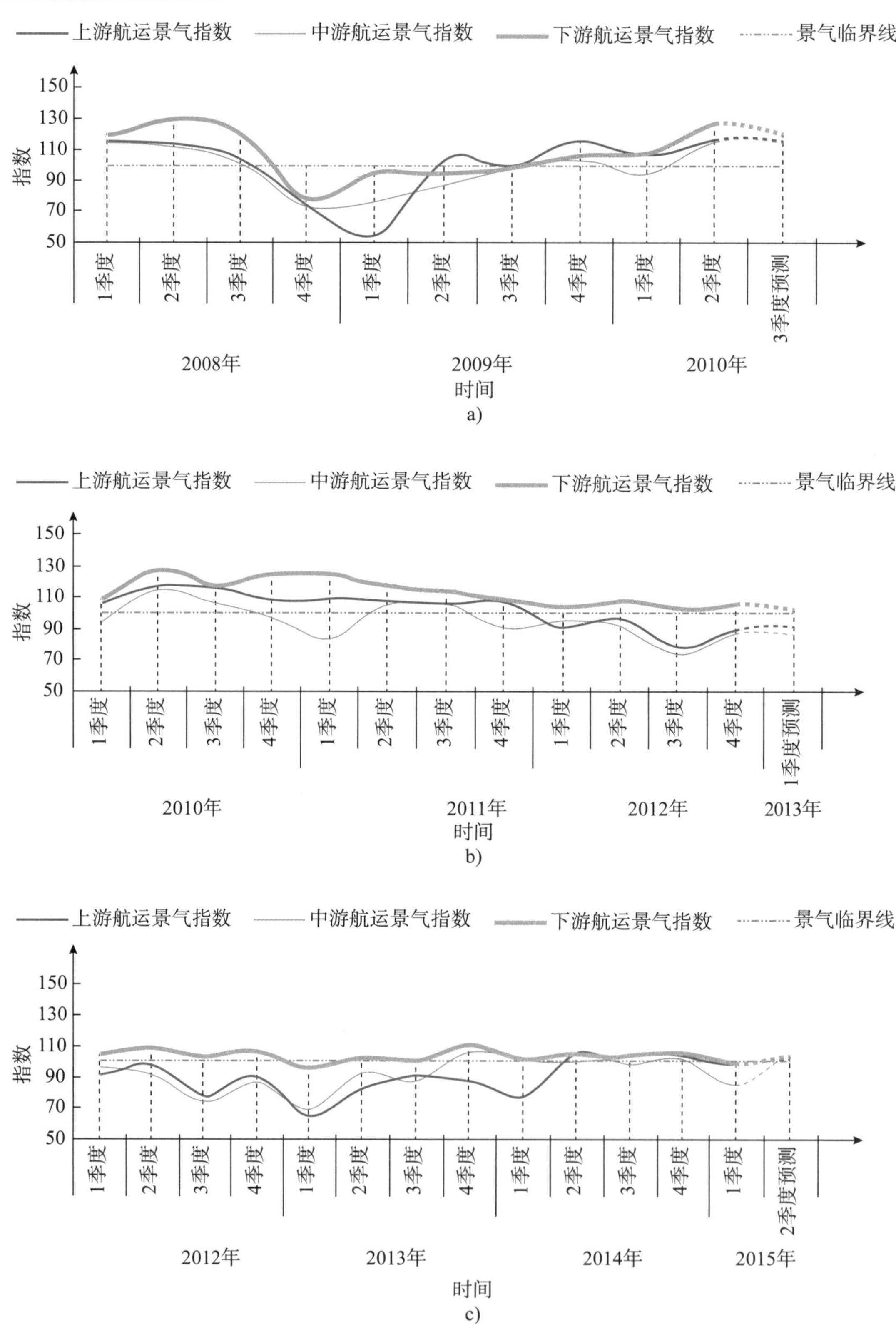

图 1-4　长江航运经济指数走势图

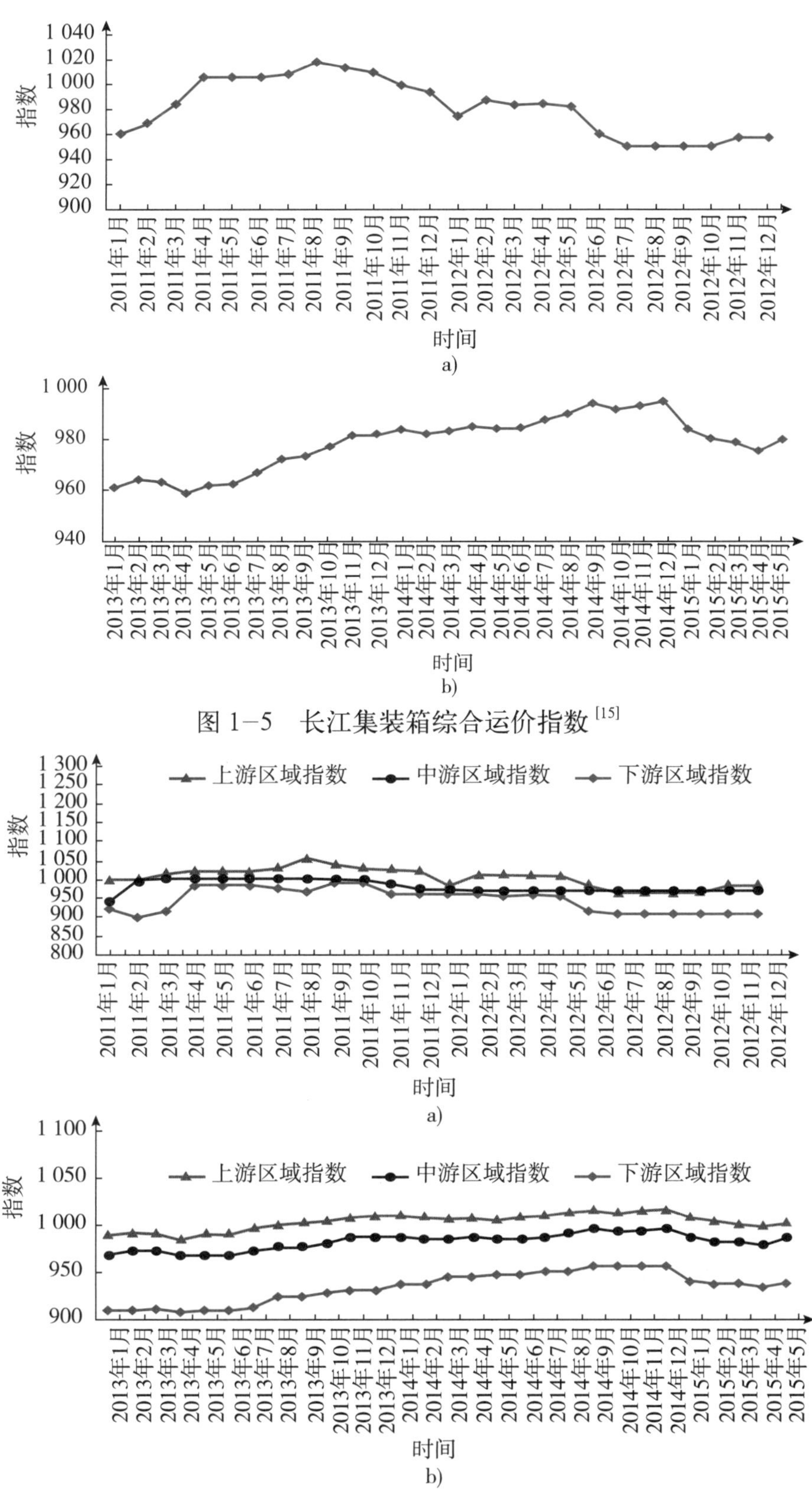

图 1-5 长江集装箱综合运价指数 [15]

图 1-6 长江分区域指数

1.1.5　长江支持保障系统现状分析

"十五""十一五"以来，海事建设基本实现了长江干线全覆盖的搜救体系，启动实施了巡航救助一体化，并初步形成了重点船舶 GPS、重点水域 CCTV、重点港区 VTS 和现代海巡艇互为补充的现代化水上监管系统的框架雏形，长江干线安全监管能力不断加强，应急救助能力稳步提升。公安建设以快速反应系统和治安防控系统建设为中心，努力形成执法高效、保障有力的防范体系，基本建成长江航运公安内联外通的有线、无线系统等，配置公安船艇及刑侦装备，水陆域机动和应急反应能力显著增强。三峡通航初步实现了较高水平的两坝间统一调度、联合运行，为充分发挥船闸通过能力和三峡航运效益服务等提供了保障。通信建设基本建成了重庆至上海的数字传输系统工程，为支持保障系统和港航单位的信息化服务提供了高速、宽带的传输通道，扩大了信息服务深度与广度。电子政务主网站群初具规模，船岸 VHF 通信系统覆盖全线，干线光纤传输网建设步伐加快，长江水系省际"四客一危"运输企业库、船舶库初步建立，南浏段智能航运示范工程已经完成，以长江航运综合服务信息系统为标志的新一轮信息化建设正在启动。

另外，"十五"期以来完成了长江江苏段、安徽段、三峡库区航路改革，实施了船舶定线制，完善了配套设施。目前，长江干线已有 1 010km 完成航路改革，占干线航道里程的 35.6%。实施航路改革以来，长江三峡库区忠县以下水上交通事故下降了 68%，碰撞事故下降了 33%，经济和社会效益十分显著。目前，安徽段、三峡库区丰都—忠县段通航秩序良好，安全形势稳定。

长江干线水上安全监管体系基本形成，搜救系统进一步完善，水运信息化程度不断提高。

总体来看，近年来，在长江黄金水道建设实施方案的推动下，长江黄金水道的航道治理、港口建设、船型标准化、三峡过坝运输扩能、水运保障及干支联动六大工程全面、有序地展开，并取得了显著成效：长江干线航道建设步伐加快，长江干线航道维护水深全面提升；港口建设力度加大，尤其是中上游港口新开工的项目较多；船型标准化推进工作加快，川江载货滚装船标准化船型推进工作初见成效，长江干线渡口、渡船标准化改造工作也在全面推进；三峡过坝运输扩能工程有序推进，逐步形成"水—陆"翻坝转运格局；水运保障基础设施建设步伐明显加快，巡航与救助一体化、水上现代监管系统、水上搜救调度指挥系统、船舶防污系统、通信信息化工程等正在加紧实施建设；干支联动工程取得明显进展，长江主要支流如赣江、汉江、湘江、嘉陵江等重要通航河流梯级开发正在加快进行。

1.1.6 长江水运发展现状评价

新中国成立初期到20世纪90年代中期，我国由农业社会向工业社会转变，经济社会的发展对水运产生持续的需求。在这一阶段，长江水运的运力和需求的矛盾突出，运力不足，属“瓶颈约束阶段”，于是形成了“有水大家行船”的水运发展局面。第二阶段，从20世纪90年代中期至21世纪，我国经济高速发展，逐步建立了“世界工厂”的地位，为外向型经济服务的航运进入繁荣期，港口、航道等航运大规模基础建设拉开序幕，港口吞吐量大幅增长，在部分领域和部分时段存在结构性不足的矛盾，使得港口生产和航运运价持续高涨，长期以来水运的瓶颈约束问题逐步得到了解决，属“快速发展阶段”。第三阶段，自2008年国际金融危机以来，外部需求增幅收窄，需求格局发生重大变化，港口能力和航运运力不断增加，港航供需平衡被打破，甚至在部分时段和领域有所过剩，运价持续低迷，企业经营困难，港航企业进入了提质增效的转型期。

站在新的历史时期，经济社会对水运的需求发生巨大改变，综合交通运输体系需要内河水运与其他各种运输方式有效衔接，低碳交通运输体系建设需要内河水运发挥其比较优势，内河水运将围绕供应链一体化重构服务模式，客户需求的变化使得航运企业和港口企业不再单纯追求规模和量的增长，而是试图在多元化的增值服务中获得收益；政府监管模式也在发生变化，简政放权、规范费收、强化市场监管和综合服务等要求为港航管理提出了新课题；“互联网+”与内河水运的融合发展被提上日程，航运电商、电子政务、智慧长江等必将融入长江水运的方方面面，长江水运也将进入“转型升级”的新阶段。

1.1.6.1 长江水运已经具备加快发展的条件

与公路、铁路运输技术经济特征相比，内河运输的优势是占地少、运能大、能耗低、污染小。这一比较优势适宜于单位国土面积产出高、人口密度大、人均GDP水平高和具有水运资源的地区，即单位国土面积产出越高、人口密度越大，内河运输节约土地资源的比较优势才更明显，才更加受到人们的重视。当人均GDP达到1 500～3 000美元（或汽车价格相当于3倍人均GDP）时，汽车进入家庭，土地资源的价值、环境价值、能源价值不断提升，内河运输的经济性逐渐凸显，内河才可能迎来快速发展的时期。

2010年长江沿江地区人均GDP达到4 448美元。长江黄金水道在2010年以后已经具备了快速发展的社会经济条件。未来，随着全面建成小康社会的全面实现以及中西部地区超过沿海的发展速度，长江沿江地区人均GDP到2020年预计至少比2010年翻一番，将超过8 900美元。届时，长江从上至下都将进入内河水运比较优势凸显的区间，长江水运作为长江经济带的基础性和先导性设施，必将发挥更加重要的作用。

自国发〔2011〕2 号文件《国务院关于加快长江等内河水运发展的意见》发布以来，经过了一段政策消化、政策启动和政策生效的过渡时间，内河水运建设和发展初显成效。从建设来看，2012 年公路建设全年完成投资同比下降 1.2%，沿海建设完成投资同比下降 0.6%，而内河建设全年完成投资 455 亿元，同比增长 14.3%，内河建设在公路水路交通建设领域一枝独秀。从运输生产来看，2012 年，长江干线完成货物通过量 18 亿 t，同比增长 8.4%，快于全国水路货运量 7.0% 的增长率；长江规模以上港口完成货物吞吐量 17.5 亿 t，同比增长 10.4%，快于全国 6.8% 的增长率；长江规模以上港口完成外贸货物吞吐量 2.3 亿 t，同比增长 15.1%，高于全国 8.8% 的增速；长江规模以上港口完成集装箱吞吐量 1 240.7 万 TEU，同比增长 10.9%，高于全国集装箱吞吐量 8.1% 的增速。长江内河水运的运输生产指标全方位超越全国指标，表明长江黄金水道的比较优势在相关政策推动下初步显现。

1.1.6.2　长江水运的经济性得到初步体现

长期以来，一提到水运，人们马上想到其运量大、耗能省、运价低、占地少、污染轻和安全好等比较优势。然而，这些比较优势需要在一定的社会机制和市场环境下才能变成显性优势。从目前的情况来看，水运的诸多优势仍然还是潜在优势，没能充分发挥。

内河运输主要与铁路和公路形成竞争和互补关系。从长江 7 省 2 市内河水运货运量占全社会货运总量的数据看，该数据从 2011 年的 7.5% 上升到 2013 年的 11.3%（表 1–16）；而货运周转量的数据从 2011 年的 7.7% 上升到 2013 年的 13.6%（表 1–17），内河水运的比较优势在数据上得到了初步体现。无论是长江中游还是下游，长江水运在货运量和货运周转量中的比重一般来说都有一定量的提升，特别是江苏、安徽、湖北和湖南等省长江水运所占比重增幅十分迅速。同时，长江上游水运在全社会货运中所占的比重没有明显变化，这也反映了水运经济性的基本特征：水运比较优势的发挥依赖经济社会的全面发展及其对水运需求的支撑。这反映了一个突出的现实问题：长江上游省市尽管对水运需求仍然十分强烈，但是由于水运建设的拆迁成本过高，使得内河水运建设困难重重，部分内河航道工程的拆迁成本超过项目总投资的一半。高速飞涨的房价推高了地价，地价的水涨船高致使内河水运建设拆迁成本增长，形成一个悖论：土地、环境价值上升使得内河具备发展的外部条件，但由于内河水运的盈利能力不高，使得高拆迁成本和高建设成本的内河航道和港口建设的投资效益低下。与此相比，尽管公路建设需要拆迁的土地量更大，但由于公路建设有收费公路的费用补偿机制，占地所产生的成本可以通过收费来补偿，而水运的费用补偿机制还未建立。

长江内河水运货运量占全社会货运量的百分比 表 1-16

省（市）	2011 年	2012 年	2013 年
上海市	2.6%	2.8%	2.6%
江苏省	6.3%	6.3%	14.5%
安徽省	9.8%	7.3%	16.9%
江西省	6.2%	5.8%	6.0%
湖北省	10.1%	9.6%	14.5%
湖南省	10.6%	9.7%	12.5%
重庆市	11.9%	14.7%	14.7%
四川省	4.1%	3.8%	4.2%
云南省	0.5%	0.5%	0.4%
合计占比	7.5%	6.9%	11.3%

长江内河水运货运周转量占全社会货运周转量的百分比 表 1-17

省（市）	2011 年	2012 年	2013 年
上海市	0.3%	0.2%	0.3%
江苏省	3.6%	3.5%	7.5%
安徽省	10.8%	8.5%	26.3%
江西省	4.2%	3.9%	3.9%
湖北省	16.5%	16.7%	25.8%
湖南省	10.2%	10.5%	11.5%
重庆市	61.3%	65.4%	61.6%
四川省	4.5%	4.5%	7.1%
云南省	0.7%	0.6%	0.7%
合计占比	7.7%	7.7%	13.6%

1.1.6.3 长江基础设施加快发展

从航道建设来看，2014 年“十二五”规划项目建设全面完成，荆江航道整治工程基本完成，长江上中下游航道维护尺度已经提前 5 年完成 2020 年的目标。2014 年我国编制完成了《长江航运发展规划纲要（2014 ~ 2030 年）》，在前一版的基础上对航道水深的要求又有了进一步的提升。航道水深条件是航运发展的基础，船舶大型化所产生的规模经济需要航道条件的不断改善。然而，航道维护水深也与自然地理条件密切相关，水文、地质构造、季节变化等都会影响航道水深。人工加深航道水深需要综合权衡航道投入与航运规模化所产生的收益，不是越深越好，需要探寻平衡点。南京以上长江之上的跨江大桥约 50 座，其净空是按照南京长江大桥的尺度设计建造的，这使得单独拓展水深并不能提升长江营运船舶的吨位。从长远看，经济社会对运输个性化和便捷性需求在不断提升，内河水运的增速未来可能趋缓，长江航运基础设施建设存在航道投入与航运产出之间的平衡。

从港口建设来看，内河港口能力过剩状况比沿海更甚，尤其是集装箱码头。2011 年的长江港口摸底调查，就已经呈现出了港口能力普遍过剩的问题。如果考虑已有港口的改造升级、生产管理能力和效率的提高等因素，港口实际吞吐能力远大于港口设计能力；再加上在建和已报批的项目，未来长江港口集装箱吞吐能力富余将更多。能力富余将导致港口经营效益低下。以重庆为例，近几年新投运的涪陵黄旗、万州江南、主城泰港、佛耳岩等作业区，均因建设成本高、还本付息压力大、货源不足等原因，处于实质性的亏损状态，只有有“外贸港”之称的寸滩港存在盈利。新建的港区业务量虽然没有饱和，但为了满足 24h 昼夜运转，作业人员必须配满，这就导致了码头设施和人员长期闲置。目前，重庆港口人均年吞吐量只有 8 000t 左右，个别作业区不足 5 000t。因土地、人工、原材料等成本上涨，新建港区造价普遍较高，港口投运后将背负较大的还本付息压力，构成了港口企业的刚性成本，使得港口装卸费难以下调。

武汉、重庆集装箱能力与吞吐量比较见表 1–18。

武汉、重庆集装箱能力与吞吐量比较（万 TEU）　　表 1–18

城　市	2010 年			2014 年		
	吞吐能力	吞吐量	富余能力（%）	吞吐能力	吞吐量	富余能力（%）
武汉	150	62	142	185	100	85
重庆	200	56	257	370	101	266

资料来源：于敏、牛文彬，《新常态下内河港口发展的新思路》。

1.1.6.4　长江水运已成为沿江综合运输通道的主骨架

长江流域区域经济格局的一个基本特点是资源产出与加工工业的空间错位十分显著。目前，煤炭、石油、金属矿石等大量利用区外或国外资源，长江黄金水道作为沿江地区经济发展所需的能源、原材料的运输通道，具有不可替代性。长江中下游地区煤炭消费中近 90% 需从区外调入。从长江沿江地区的煤炭运输格局来看，水运是煤炭主要消费地长三角地区最主要的通道，每年约有 85% 的煤炭是通过长江来运输，形成了东部沿海煤炭运输通道和长江、京杭大运河运煤通道。华东、中南地区炼油工业所需原油对外依存度越来越高，目前已接近总需求量的70%。宝钢铁矿石100%依赖进口，武钢80%依赖进口，马钢、新余钢铁等对进口的依赖度也在50%左右。目前，我国每年约85%的铁矿石需通过水路运输完成，长江下游地区港口已成为区域重要的铁矿石接卸转运基地，为沿江地区钢铁企业的发展提供了有力的支撑。在长江干线上，江苏段是长江主航道中通航条件最好、船舶通过量最大、经济效益最为显著的河段。江苏沿江8市占了全省81%的经济总量、88%的对外贸易，集聚了100多个省级以上开发区。沿江港口承担着全省60%的煤炭、70%的铁矿石和 90%原油等能源物资转运。长江是一条天然河流，蕴藏着丰富的黄沙资源。以黄沙等低值货物为主的矿建材料，是水路运输的传统支柱货源。另外,重大件运输等特种运输虽然在整个水运市场中所占的份额比较小，但由于水运自身的优势，同样具有不可替代性。

从各种运输方式的技术经济特征来看，长江航运具有运输能力大、水运建设投资省、运输成本低、劳动生产率高、平均运距长、单位能耗低、污染少等优势。长江航运通江达海，与沿江铁路线、公路线有效衔接，形成东西向运输大通道。长江干流横贯我国东西，航道已达三级（及三级以上）标准，可常年通航千吨级船队，其主要支流嘉陵江、乌江、汉江、湘江以及长江三角洲水网航道，沟通了长江流域南北地区水运通道，形成了天然的水运网络体系。虽然长江航运也具有受自然条件影响较大、运送速度慢等缺点，但沿江高速公路、铁路有的正在修建，有的建成通车不久，尚没有发挥更大的作用。从长江流域地区运输通道的空间布局及各种运输方式的竞争与合作来看，长江作为连接东、中、西部地区的大通道，水运的技术经济优势十分明显，已成为沿江综合运输通道的主骨架。水运在煤炭、原油、矿石和矿建材料等大宗散货运输市场上继续保持较高市场份额的同时，凭借其通江达海的优势在外贸运输和集装箱运输方面的地位也不断增强。

目前,综合交通运输的互补效应在长江已经显现。内河集装箱运输的快速发展，极大地得益于高速公路网的形成。如鲁宁管线的建设及江海联运的发展为长江航运提供了原油、煤炭和金属矿石等大宗货源，铁路进港为长江航运提供了煤炭和非金属矿石等货源，公路的发展成为长江港口重要的客货集疏运输方式，促进了长江干流集装箱运输和客货滚装运输的发展。重庆水运量的大幅提升来源于贵州、四川和重庆的上万公里高速公路网的形成。重庆万州和涪陵在铁路通车后，水运量大大提升，已经达到了2 000多万吨。2011年，涪陵港区货物吞吐量占重庆的16.4%，2012年达到了17.5%，2013年上半年达到了19.5%。同时，万州港区货物吞吐量占重庆的份额从2011年的14.2%上升到2013年上半年的17.7%，这很大程度上得益于沪渝铁路的通车。长江干流航道的开发建设以及航运的发展，也要特别注重其他运输方式的发展，注意与其他运输方式的衔接，促进运输结构的调整，实现合理的分工与协作，在较高层次上满足流域经济发展的要求，适应经济发展对交通运输的多样化的要求。

1.1.6.5　长江水运已成为沿江城市发展的核心战略资源

港口作为港口城市核心战略资源，其作用主要表现在港口的资源配置作用：吸引国内外大型企业在港区后方陆域配置，形成国际性、区域性加工基地和配送中心；吸引腹地优良资源在港区后方沉积，形成新的联结腹地的经济增长点；吸引城市优势资源向临港地带集中，形成面向国内外的新兴产业群；通过枢纽的辐射和网络布局，推动港口所在城市产业资源向腹地配置。

沿江各地政府越来越重视港口的建设，纷纷提出“以港强市”“港兴城兴”“港城互动”等发展战略，港口资源已成为沿江城市最重要的核心战略资源，长江沿江地区正成为我国港口经济最具活力和增长潜力的地区之一。从长三角地区经济发展进程看，其迅速繁荣与港口经济的促进作用密不可分。该地区利用本区域的港口优势，发挥港口具有的辐射带动作用，更深层次地参与国际产业分工，利用国际资源发展区域经济，创造了得天独厚的条件。长江沿江地区航运发达的区域航运中心（如长三角港口群、武汉港、重庆港）也是当地经济、贸易、金融中心，也充分证明了水路运输对国民经济发展的重大促进作用。

重庆揽两江、拥三峡，境内航道总里程达 4 200 余公里，其中长江干线航道 679km，约占长江通航总里程的 1/4。随着三峡成库以及库区以上航道的整治和维护，川江航行条件日益改善，到 2010 年，万吨级船队可从长江三峡库区直达重庆主城区港区。重庆市水路货运周转量已占全市总量的 60% 以上，全市 85% 以上的进出口外贸物资通过水路完成运输，水路运输在大宗散货、集装箱、危化品运输中发挥着极为重要的作用，为汽车、摩托车、化工等支柱产业提供了重要交通运输保障。2014 年全国两会期间，重庆代表团向全国人大提交了《关于充分发挥重庆在丝绸之路经济带和长江经济带建设中重要作用的建议》，希望将重庆定位为丝绸之路经济带和长江经济带建设的枢纽。通过两条通道，重庆“左右开弓”，推动实施东西双向开放战略：依托长江黄金水道实施向东开放战略，依托渝新欧铁路实施向西开放战略。重庆寸滩港是国家一类水运口岸、长江上游最大的国际集装箱主枢纽港，是沿长江经济带实施重庆东向开放发展战略的重要平台和起点。寸滩港区是全国内河第一座高水位落差、高桩直立式港口，总占地面积 1 675 亩（1 亩 $=666.6\text{m}^2$），岸线总长 1 316m，共有 9 个集装箱泊位（含 2 个商品车专用泊位），设计集装箱年通过能力 126 万 TEU，实际年吞吐能力可达 200 万 TEU。港区水域条件优越，陆域开阔，交通便捷，具有得天独厚的区位优势和集疏运条件，辐射四川、贵州、陕西等省。此外，重庆主城沿长江一线还有果园港、东港、黄磏港等大型集装箱港口。目前，重庆水运口岸已形成300万TEU的吞吐能力，其中一半的货运量来自周边的四川、贵州等省份。重庆正着手大力完善航运服务体系，努力提高航运综合服务能力，以两路寸滩保税区和重庆航交所为依托，用活用好增值税补助、集装箱补贴等政策，发挥好航运交易、金融服务、市场引导等作用，切实提高航运辐射力，力争到2020年周边地区货物中转达到50%以上。

武汉位居长江经济带的中心位置，是兼具经济腹地和中转型的长江港口城市。2006年，以武汉港为重点的武汉航运中心建设工程全面动工。按照有关规划，武汉港将建成上海国际航运中心在长江上重要的“喂给港”之一，成为长江中游地区的内外贸集装箱、大宗散货、商品汽车等重要物资的区域性物流中心。在构成航运中心的港口、船舶、航道三大要素中，航道是基础性、前提性要素，因而长江中游航道对建设武汉航运中心具有决定性作用。武汉新港“江海直达”航线作为长江中上游地区首条通江达海航线，已实现武汉至上海洋山港72h点对点直航。武汉、上海作为长江流域的两大航运枢纽共同合作，武汉发挥内河航运优势，上海发挥外港优势，实现上海国际航运中心与武汉长江中游的航运物流中心的联动发展。实施长江黄金水道和江海联运发展，推进了长江流域航运港口体系、集疏运体系和航运服务业体系建设。到目前，湖北高等级航道突破1 700km，环绕江汉平原810km的千吨级航道圈已经建成。特别是开通了武汉至东盟四国（泰国、柬埔寨、越南、老挝）试验航线，使武汉成为落实“21世纪海上丝绸之路”国家战略的重要节点；启动了武汉至长江中上游地区集装箱铁水联运项目，巩固提升了武汉至上海洋山港“江海直达”、泸汉台及宜汉、荆汉等航线运输规模及服务水平，使武汉新港江转海的中转箱比例保持在36%以上。武汉中西部“海港”地位加快确立，货轮经长江可直达我国香港、台湾地区以及韩国、日本、越南、泰国等国家，航线延伸和辐射区域居长江中上游首位，助推了长江物流大通道建设。

1.1.6.6　长江水运已成为建设资源节约、环境友好型社会的必然选择

长江沿江地区国民经济的快速增长导致人口、资源、环境、基础设施等约束越来越突出，特别是能源供求、土地资源和环境容量约束问题更为趋紧。我国正处在重工业化发展阶段和城市化加速发展时期，加快建设资源节约型和环境友好型社会，是全面贯彻落实科学发展观的一项重大决策。交通行业是国民经济的基础性产业和服务性行业，是国民经济的重要组成部分，同时又是一个资源消耗型行业。在面临资源和环境双重压力的情况下，大力发展水运是降低运输能源消耗、节约土地资源、减少污染排放的最佳选择。同

时，长江黄金水道的经济性在现阶段得以凸显，发挥水运的比较优势具有了很好的现实基础。交通运输部提出的《关于进一步加强交通行业节能减排工作的意见》，将进一步提升长江航运的运输供给能力和服务水平，增强长江航运参与市场竞争的能力，进而支撑低碳交通运输体系乃至经济社会的低碳发展。

1.2　长江水运存在的问题

1.2.1　长江水运发展的制约瓶颈

1.2.1.1　三峡船闸通过能力待解

三峡工程 2003 年 6 月首次蓄水至 135m，2008 年开始 175 m 试验性蓄水运行。建成蓄水后，库区干线航道尺度明显增大，重庆朝天门至湖北宜昌航道维护水深从 2.9 m 提高到 3.5 ～ 4.5m，航行船舶吨位从 1000 吨级提高到 3000 ～ 5000 吨级；川江主要险滩淹没，实现昼夜通航；库区 5 条通航支流的通航里程延伸；原不通航的支流、溪沟具备通航条件，支流通航船舶吨位从 500 吨级提升到 2000 吨级。由于库区航道条件改善，船舶载运能力明显提高，营运效率有所提高。据了解，库区船舶单位千瓦拖带能力由成库前的 1.5t 提高到 4 ～ 7t；船舶平均单位油耗由 2002 年的 7.6kg/(kt · km) 下降到 2013 年 2.0kg/(kt · km)，单位运输成本显著降低；同时，促进了船型标准化、大型化的快速发展，2013 年过闸船型标准化率达到 70% 左右，过闸船舶吨位从 1 040t 提高到 3 760t[16]。长江三峡枢纽是长江经济带上的重要工程，是治理和开发长江的关键节点。三峡大坝的建设大幅改善了长江上游的水运条件，但同时由于受船闸设计能力的影响，一定程度上也制约了长江黄金水道的客货运输。三峡大坝船闸设计双向年通过能力 1 亿 t。由于设计能力没能充分考虑水运通道建设的诱发需求，致使三峡大坝船闸在建成后几年时间就达到了设计能力。部分运输通过翻坝高速公路作为补充，总体上增加了运输环节进而增加了运输成本。三峡大坝 2011 年过闸货运量超过 1 亿 t，2012 年有所下降，但 2013 年过闸货运量再次超过 1 亿 t，突破三峡船闸的设计通过能力。随着长江经济带国家战略的进一步实施，长江黄金水道与国家“一带一路”战略融合发展走向深入，未来三峡过坝运输需求的增长是必然的趋势，如何采取有效措施突破过坝运输的瓶颈值得深入探究。与此同时，随着过闸运量的快速增长，船舶待闸时间明显延长，过闸船舶积压成为常态，对长江航运的运输效率和服务水平产生了较严重影响，进而对长江水运的经济性产生了影响，特别是在航运市场持续低迷的时期更为突出。根据长江三峡通航管理局的有关统计数据，2014 年下行过闸船舶待闸率达到 83.18%，船舶过闸待闸已成为常态，过闸需求与船闸通过能力的矛盾日益显现。

1.2.1.2 荆江河段航道难题待解

近年来，随着长江下游深水航道的建设和上游三峡库区的形成，长江上游、下游的航道条件都得到了较大改善，长江南京以下 12.5m 深水航道一期工程已开通试运行，而中游航道与上游、下游航道水深相比明显偏低。特别是枯水期，长江中游众多弯、窄、浅滩等碍航节点的出现，使得航道维护困难，维护尺度和标准较低，与长江下游航道维护标准差距较大。而随着长江下游和三峡库区船舶大型化趋势的明显，中游航道的瓶颈作用使得长江难以在更长运距中实现船舶大型化的规模经济。长江中游航道起着连通上下游的重要作用，中游的“肠梗阻”严重制约了长江黄金水道整体效益的发挥。

1.2.1.3 长江“延上游”难题待解

2012 年长江上游干线宜宾合江门至泸州纳溪河段（以下简称“叙泸段”）航道建设二期工程，顺利通过交通运输部组织的竣工验收，此举标志着经过 5 年两期建设，这条连接云、贵、川、渝 3 省 1 市的水路大通道航道整治全面完成。经过系统整治，长江上游川江全线航道等级由Ⅳ级提升至Ⅲ级，历史性实现昼夜通航，3000 吨级船队可畅行川江。与此同时，金沙江航道建设成为重要议题。攀枝花铁矿总储量约 70 亿 t，是我国钢铁、有色金属和能源基地，特别是金沙江上向家坝、溪洛渡、白鹤滩和乌东德 4 级水电枢纽库区建设形成后，攀西地区的铁、铜、锌、磷等矿及成品和原煤、木材等大宗物资将通过金沙江水运顺江而下，与长江黄金水道相衔接，构成东西水运主通道。由于金沙江河道狭窄、险滩众多、流态复杂，向家坝、溪洛渡、白鹤滩、乌东德等梯级枢纽电站建成蓄水前，河段通航条件较差，只可季节性通行小型机动船，航运业发展相对落后。目前，4 座梯级电站除向家坝水电站设计有升船机外，其余 3 座均未设计过船设施。随着首尾相连的 4 级枢纽陆续建成蓄水，向家坝、溪洛渡坝后目前已分别形成约 157km、194km 的库区深水航道，白鹤滩、乌东德坝后还将分别形成约 183km、200km 的库区深水航道。金沙江攀枝花至水富全段从而形成约 734km 的库区深水航道，将长江黄金水道从宜宾延伸至攀枝花。库区深水航道可常年通行 1000 吨级以上甚至 3000 ~ 5000 吨级船舶。梯级航道对水运的连续性构成了一定约束，使得水运的经济性较难实现。攀枝花至水富 788km 航道与经济社会的发展是怎样的关系亟待研究，“延上游”的经济性以及相应的投入产出关系需要仔细测算。

1.2.1.4 航电枢纽难题待解

从航电枢纽的建设和运营看，“以电养航”存在现实的问题。目前，长江支流建设了不少航电枢纽，“以电养航”的广泛推行使部分省市实现通过对航电枢纽过闸进行收费收回部分建设投资。但是，航电枢纽“以电养航”的有效运行，需要权衡航电枢纽引致的船舶大型化而产生的规模经济能否大于过闸收费以及航区分割引起的效率损失。对于落差比较大的地区，航电枢纽发电量相对较大，能够更大程度上支撑枢纽建设，也能够提升航道条件；但由于落差大就意味着不远的距离就需要建设航电枢纽，船舶的航行距离相应缩短。对于落差比较小的地区，航电枢纽发电量小，对枢纽建设的支持力度不大。落差小意味着对船舶航道的提升程度小，收费的费率不可能太高，这就可能会形成杭电枢纽建设和运营的压力。

1.2.1.5　水运成本低的悖论待解

从成本低的优势来看，内河水运的成本虽然相对较低（主要来源于能耗低），但由于费收项目标准不一、名目繁多，有关征费的政策不统一等一系列原因，造成长江航运企业负担过重，使得水运先天的低成本优势在我国的市场环境下无法实现。同时，在长江上游地区，经济社会发展相对落后，亟需内河水运的低成本优势发挥区域经济的引领作用。然而，长江上游的通航条件相对较差，地方政府航运基础设施配套资金难以筹集，在水深条件并不具有优势的情形下使得水运运价相对较高。落后地区发展水电对地方政府能够产生直接的收益，而水运难以上规模、水运的潜在优势难以变为显性优势，后发地区水运的后发劣势却得到凸显，亟待更高层面的外力推动，打破其内在的负反馈循环。

1.2.2　尚未形成协调发展的综合交通运输网络

长江经济带有辽阔的腹地，要获得长足的发展，需要正视如下问题：由于沿江东西向交通基础设施滞后，造成沿江各地区之间经济联系薄弱，经济发展整体性差，区域优势转化渠道不畅，缺乏网络化的综合交通、通信枢纽和紧密的经济互动，沿江产业带难以一体化发展。具体表现在：铁路、公路干线以纵向通过型为主，横向铁路、公路干线的通道正在逐步形成；目前沿江各运输方式比重不协调，运输方式比较单一，沿江内河水运一枝独秀，缺乏其他运输方式的支撑，从而使水运优势不能充分发挥。由于长江水运存在着季节性的波动，因此无法形成稳定的货流通道，特别是枯水季节，运输矛盾突出，从而阻碍了沿海产业向长江中上游的转移；再加之水运不适应经济节奏加快的新形势，致使长江经济带的龙头上海与中上游“腹地”的联系远不如同北方沿海地带密切（仅京沪铁路的客货交流量就数倍于长江水运），沿江西部地区相当多的地方仍处于“封闭或半封闭”状态。

各种要素的流通需要各地区具有发达的交通网络和通达度。长江经济带交通运输尚未形成完整的交通网络，沿江中西部欠发达地区交通运输设施比较落后。

这不但使欠发达地区的资源难以运出，也阻碍了经济发达地区向欠发达地区的辐射，区域分工无法在更大的范围内实现。由于交通基础设施建设很大程度上依赖地方经济，经济发展上的巨大差异，使得交通设施布局和运网密度也呈现出由东向西、逐步递减的走势。交通布局不仅不够均衡，而且结构尚不合理。铁路在沿江地区仅仅形成大框架，铁路网密度较低，线路分散，大量运输不得不迂回绕道运输。

1.2.3 长江水资源综合利用需要加强

航运是水资源综合利用中的一个重要方面。通航河流上建设水利枢纽，在实现防洪、发电功能的同时，也形成了优良的库区航道，同步建设通航设施则可贯通枢纽上下游航道，发挥库区深水航道和河流的整体航运效益，从而最大限度发挥水资源综合利用效益。但是，目前枢纽发电按市场化经营，枢纽船闸是公益设施，企业过度逐利与航运提供公共服务两者价值取向不同，加之缺乏相应的监管机制，在水资源开发利用中，不同程度地存在着追求发电效益、航运资源保护不够等问题：一是对内河航运开发利用不够，存在闸坝碍航、断航现象；二是部分水利水电枢纽建有通航设施，但建设标准低、通过能力小，无法满足航运需求；三是枢纽运行过程中，“重发电、轻通航”。

水资源综合利用涉及水利、水电、交通、环保、国土、城市发展等部门，由于不同部门、不同地方对水资源功能需求不同，发展目标不同，容易产生水资源开发中合力不足、协调难度大等问题。目前，在水资源综合利用中，内河航运处于弱势地位，一旦产生枢纽碍、断航问题，协调解决难度极大。2015 年新颁布的《中华人民共和国航道法》有助于水资源综合利用的多方博弈中，强化水运合理诉求的实现。

1.2.4 长江水运的投融资体系亟待完善

目前，长江水运建设还未能完全建立起中央与地方协调的投融资体系，中央投入不足，地方配套资金难以到位，都成为长期以来制约长江水运基础设施快速发展的障碍。船闸、航道等设施属于公益性设施，从我国水运设施近年建设的资金投入情况来看，财政投入严重不足，且资金的投放速度也远远滞后于工程建设进度，沿江各地方政府按政策应投入的配套资金也难以落实。目前我国水运设施的投融资平台单一，一般是由各省政府出资成立内河开发投资集团，建设项目的投资、建设、运营“三位一体”，全部由其包揽。虽然能依托政府财政和良好的信用快速筹措到资金，但是由于各省内河开发投资集团是代表地方政府从事投融资活动的单一投融资主体，在融资过程中主要以政府提供的信用为基础，以政策性融资方式为主，资金来源渠道主要是政府财政资金和债务融资，受政府财力和提供信用程度的限制，融资能力严重不足。同时，这种单一的投融资平台也不利于施行投资主体多元化的股份制与法人治理结构，难以建立市场化、多元化的内河水运投融资机制。土地、环境价值上升使得内河具备发展的外部条件，但由于盈利能力不高以及没有如高速公路那样的收费机制，在面对内河航道、航电枢纽建设的高拆迁成本和建设成本时，如何建立恰当的投融资体系需要探讨。

1.2.5　长江水运的低碳运行机制尚未形成

从综合运输体系来看，铁路和水运相对于公路和航空更为节能环保。然而，由于对污染物排放没有相应的约束，公路和航运的环境成本没有体现在其运价中。在此意义上，整个社会还没有形成鼓励水运快速发展的市场运行机制，还没有形成包含环境成本的运价体系，致使水运的低碳优势长期以来没能很好地发挥。从水运行业来看，水运节能减排的原始动力还是企业经营成本的降低，只有在节能减排的同时还能够节约企业运行成本，企业才有动力推行节能减排的技术和管理。如果市场机制没能发挥作用，则需要政府节能减排的政策跟进，企业在节能减排的社会责任不能自发地实现。从政府监管来看，水运低碳运行的统计、监测与考核体系尚不完善，相应的奖惩机制也不健全。可喜的是，交通行业应对气候变化的行动正在不断深入，构建低碳交通运输体系已经提上日程，而且每年也有数十亿的节能减排专项资金用于推进水运行业的节能减排，水运在综合运输体系中的作用必将提升。

1.2.6　长江航运企业的竞争力亟待提升

长江从事集装箱运输、危险品运输和载货滚装船运输的企业经营效益相对较好，而散货运输市场普遍不景气。散货运输市场是最早开放、未受调控的市场，当时鼓励“有水大家行船”，对搞活航运市场发挥了重要的主力军作用。但是，过度的放开与市场机制不够完善也在很大程度上产生了负面效应。当前，散货运力过度发展，运输市场普遍不景气，企业效益不高。长江水运市场的波动与国际海运市场有一定的相似性，但表现为几个月的滞后。国际海运在 2011 年以来的持续低迷也波及长江航运。人工成本、燃料成本等成本大幅上涨，而运价却由于运力过剩和谈判博弈能力降低没能提升，部分航运公司在与大货主的博弈过程中运价还在不断下降，企业处于微利甚至亏本经营的状态。同时，部分不合理税费也是导致航运企业竞争力不高的重要原因，对长江黄金水道运输效能的充分利用和发挥势必造成负面影响。采沙暴利使大量民营资本进入长江航运市场，在国家对房地产行业进行调控的过程中，对黄沙的需求大大下降，也加剧了长江航运市场的运力过剩。

从企业的集中度来看，长江航运企业集中度很低，排名前三位的长航凤凰股份有限公司、重庆轮船有限公司和武汉创新江海运输有限公司的运力仅为长江水系总运力的 4%。对于内河航运企业，由于普遍规模较小，其在与大型货主的博弈中处于弱势地位，在装卸和运输定价方面没有话语权，致使内河水运企业的投资回报率不高。

从港口建设来看，内河集装箱码头投资效益不尽如人意。由于长江不同季节的水位落差较大，对于三峡库区内的集装箱码头，还要满足三峡不同蓄水高度所对应的水深条件，加大了内河集装箱码头的投资。然而，与沿海港口相比，要使内河集装箱码头短期内达到规模化运营十分困难，集装箱码头的投资回报率很难达到一般资金回报率的标准。

2 美国、欧盟内河水运发展和经验借鉴

2.1 美国、欧盟内河水运发展基本情况

2.1.1 美国内河水运发展情况

2.1.1.1 美国内河水运基本情况

美国等级航道里程 40 000km，其中仅具有环境价值和观光娱乐价值的内河航道和一些沿海航道为 16 000km（具有商业价值的航道是指收取燃油税的内河航道)。密西西比河是美国最重要的河流之一，全长 6 262km，航道长 3 400km；除干流外，约有 50 多条支流可以通航，其中水深在 2.7m 以上的航道长 9 700km。其干支流通航总里程为 2.59 万 km，并有多条运河与五大湖及其他水系相连，构成一巨大的水运网。美国内河运输货种主要为大宗散货，按货运量进行计算，煤炭占 17.1%，石油及制品占 26.6%，食物、谷物、农产品占 21.2 %，原材料占 16.9%，化学品占 1 105%，而制成品仅 6.3%。密西西比河运量占美国内河运量的 60%。

美国密西西比河和 GIWW22 水系拥有内河船舶共约 31 909 艘，近 4 204 万载重吨，其中干散货船 24 460 艘、油轮 3 904 艘、拖轮 3 464 艘。美国内河船队以驳船队为主，机动船比例较低，散货船队中，自航船仅占 5.6%，且平均吨位较小，仅为 231t/ 艘,远远小于驳船 1 433t/ 艘的平均水平。机动油船按艘数计算不足 1%，但仅有的 5 艘油船平均吨位达到 6 147t，油驳平均吨位为 2 203t/ 艘。

2.1.1.2 美国内河水运管理体制

美国内河运输管理部门由美国运输部海事局（MARAD）和美国陆军工程兵团（USACE）组成。美国运输部负责整体制定运输发展政策，在内河运输领域也负责船舶及航行安全管理。美国运输部下设的 10 个运行机构，海事局为内河运输管理的具体执行机构，同时也负责其他海事事务[1]。

[1] 其他 9 个机构是：联邦航空局、联邦高速公路局、联邦货运安全管理局、联邦公路局、联邦交通局、国家公路交通安全管理局、圣劳伦斯航道开发集团、管道和危险货物安全管理局、科研与创新技术管理局。

USACE 负责对水资源和其他土建工程进行规划、设计、建设及维护，还负责内河航道水资源管理涉及的其他一些方面，包括环境管理、防洪、水力发电、供水、航道的娱乐性使用以及对影响航道发展的调控。在内河运输方面，USACE 将其内河运输方面的业务定义为“为国家安全、商业发展及娱乐提供安全、可靠、高效、环境可持续发展的内河运输系统”。USACE 负责建设和维护航道和码头、经营大多数船闸 ❶，以及调节内河航道的水位，为促进内河船舶安全、可靠、高效的运输创造条件。目前，USACE 对美国 18 000km 的具有商业价值的航道、235 座船闸、300 个商业港口和 600 多个小型港口进行管理和维护。

USACE 并不负责运输方面的政策制定，而是通过与其他区域性、州级、地方实体、其他联邦机构以及其他政府等利益相关者合作，对航运实施规划与执行的职责。

2.1.1.3　密西西比河的大规模开发

1879 年，美国成立了密西西比河委员会，监督实施一项大规模河流开发计划，并于 1928 年修订了该计划，其中包括在上游建设 29 座船闸和大坝，使 3m 水深的航道通至明尼亚波利 – 圣保罗；在伊利诺伊州开罗至路易斯安那州巴顿鲁治（Baton Rouge）的浅水段挖掘一条深 3.7m、宽 91m 的航道；还有下游巴顿鲁治至墨西哥湾的 14m 的航道工程等。经过 100 多年的努力，密西西比河流域发生了深刻变化，洪水已被控制，水源得到充分利用，并体现了防洪、航运、水电、灌溉等综合经济效益。

2.1.1.4　内河航运基础设施成本回收政策

USACE 在内河航道土建工程计划的资金主要来源于联邦能源与水发展预算，而不是国防预算。为了回收这部分成本，1978 年美国颁布了内河航道税收法案，提出了燃油税的概念。当时，燃油税费为 1.06 美分 /L。1986 年，水资源法案开始不断提高燃油税，至 1995 年达到 5.3 美分 /L。随后，燃油税始终保持 1995 年的水平。

燃油税用来补充美国财政部设立的内河航道信托基金。通过预算拨款，燃油税可以用来建造和修复内河航道和沿海航道。目前，每年该基金支出约为 1 亿美元。

1986 年，水资源开发法案规定，信托基金的支出不得超过建设费用的 50%。项目发起人原则上至少提供一半的资金。内河航道信托基金自 20 世纪 90 年代增加后，在近些年开始明显下降，2006 年底结余约 2.4 亿美元。这主要是归因于行业增长缓慢、行业合并、空载率下降、船舶有效利用、使用更多节能船舶，以及长距离粮食运输减少等。但是，自 1995 年以来，随着燃油税购买力的不断下降，

❶　一些 USACE 所有的船闸由公司经营，部分由州行政当局经营。在田纳西河上，船闸由田纳西河谷管理局所有，但由 USACE 经营。

内河运输基础设施的建设成本急剧增加。据统计，由于通货膨胀的缘故，在美国燃油税的购买力已经降至 1/3。

信托基金只用于投资基础设施的建设或大型修复。经营与维护成本主要由纳税人支付，这部分成本大约是用于固定资产和设备更新的信托基金的 3 ~ 4 倍。而对 USACE 在内河航道总开支方面的年均成本回收率约为 10% ~ 15%。不过，航道的经营与维护成本并不完全为了内河运输，这些支出还包括防洪减灾、娱乐用途、饮水、水力发电、保护湿地和社会其他福利。即使在内河运输方面，信托基金主要来源于商业货运船，渡轮、客轮和游轮不需支付燃油税。

无法从设施使用者那里回收的成本则由联邦纳税人来承担。随着内河航道基础设施的不断老化，维护成本或需要提前修复的成本也越来越大。目前的融资体制的局限性，很可能妨碍美国运输部海事局有效实施提高内河运输地位的发展战略与措施。

2.1.1.5　内河信息服务

USACE 已经有一套综合的导航数据服务系统，目前又计划利用自动船舶识别系统技术开发大量的新航道管理和运输安全子系统，以便开发和实施沿海和内河综合信息服务（CRIS）系统，实现与船舶之间的实时数据传输。这些信息将包含电子航行图的实时更新、船闸可用性及过闸排队情况、实时水流及风速、大坝泄水信息、航行安全隐患通知，以及船舶及船载货物信息。

CRIS 系统仍处在开发阶段，相关机构对于如何投资该计划的实施还没有最后达成一致意见。但是，CRIS 的建立已经获得了美国海上运输系统联邦委员会（CMTS）的同意。CMTS 是由联邦政府机构成立的合作组织，成立于 2005 年，主要对包括航道、港口和其之间的多式联运衔接负责，以确保全国海上运输政策的制定与实施符合国家需求。

CRIS 很可能会通过美国陆军工程兵团、美国海岸警卫队和国家海洋和大气管理委员会的专项合作，在 CMTS 的框架下实施。由于这三个机构将共同承担这套系统开发和基础设施建设所需成本，CRIS 很可能将利用这三个机构的预算逐步实施。

2.1.2　欧盟内河水运发展情况

2.1.2.1　欧盟内河水运基本情况

欧盟境内等级航道总长约 35 000km，其中大部分为具有历史、环境、娱乐或风景观赏价值的航道。欧盟具有商业价值的航道网是指莱茵河和马斯河—美因河—多瑙河通道，约为 4 500km；另外还有斯凯尔特河下游、摩斯河、塞纳河、罗纳河和索恩河、威悉河、奥德河及一些比较繁忙的运河（如德国的米特尔兰运河等），总长约 8 000km。2008 年欧盟 27 国内河完成货物周转量 1 450 亿 t · km，

2000 ~ 2008 年间，年均增长 1%，占全社会货物周转量 3.6%。

据莱茵河航行中央委员会（CCNR）统计，德国、荷兰、比利时、法国、卢森堡、瑞士、捷克等八国控制了欧盟 90% 以上的运力。截至 2009 年年底，欧盟 8 国共有内河船舶 11 614 艘，总运力规模 1 332.5 万载重吨。其中散货船 8 781 艘，运力 1 074 万载重吨，平均运力在 1 200t/ 艘以上；油船 1 576 艘，259 万载重吨，平均运力 1 643 万载重吨。

2.1.2.2　欧盟内河水运管理体制

欧盟的内河航运管理由于历史原因，形成目前分散的管理体制，主要分为以下 4 个层次：

①欧盟内部各个国家的管理，主要是各国的运输部和（或）全国内河运输管理机构。

②由国际公约设立的国际河流委员会，比较著名的两个国际公约分别是 1868 年关于莱茵河及其支流的《曼哈顿公约》和 1948 年关于多瑙河及其支流的《内尔格莱德公约》。

③欧盟，1957 年成立。

④联合国欧洲经济委员会（UNECE），主要负责欧洲内部成员（包含欧盟成员国与非成员国）间国际货物运输标准的协调，它本身并不是行政主管机构，不具有执行权。

（1）各国政府职责。各国政府根据欧盟、国际河流委员会和 UNECE 的相关指导意见和法规，负责本国境内航道系统的规划、基础设施的建设、航道的维护、船舶登记及安全事务等。各国管理组织方式各不相同。但对于国际河流，这些职责则由与国际河流有关的国家签订的国际协议、欧盟指令及规则、联合国欧洲经济委员会框架下的国际协定约束。欧洲仅在一国内运输货流很小，因此各国的内河运输政策大多受另外 3 个层次的管理机构的影响。

（2）国际河流委员会。莱茵河航行中央委员会（CCNR）是国际河流委员会中最为重要的委员会，自 1815 年维也纳会议上成立，是世界上历史最长的国际组织，成员包括瑞士、法国、德国、比利时和荷兰。1868 年的《曼哈顿公约》对其职责和工作模式进行了具体规定。CCNR 主要负责协调莱茵河流经各国关系，促进航运自由，监督莱茵河及其支流相关技术法规的一致性。CCNR 的主席由其成员国担任，每两年轮换一次，所有的决定采用全票通过制，具体职能如下：

①促进航运自由、各国船舶享受平等待遇、航行免征税费[1]、为航行排除任何

[1] 维也纳会议于 1815 年制订了这项原则。在此之前，莱茵河航行船每流经一个城市都要交一次费用，一艘船只从巴塞尔航行至鹿特丹甚至要交 100 多次费用。

客观及行政障碍、维护航道适航性；促进内河航运的安全与环保；

②建立统一的治安与检验法规、危险货物运输法规、船长资格审核法规及无线电话使用规定；

③监督重点河流项目和结构建设；

④为各成员国政府提供建议，促进内河运输发展；

⑤审核成员国的建议，特别是审核对修订曼哈顿公约方面的建议；

⑥审查曼哈顿公约及其他由五国政府一致批准的法规和措施的实行情况；

⑦管理有关莱茵河船员工作条件的欧洲协定；

⑧与其他相关国际组织保持联络。

（3）多瑙河委员会。排名欧盟第二重要地位的河流委员会为多瑙河委员会，成立于1948年，由奥地利、保加利亚、克罗地亚、德国、匈牙利、摩尔多瓦、斯洛伐克、罗马尼亚、俄罗斯、乌克兰和塞尔维亚等国组成。各成员国依据《贝尔格莱德公约》承担维护和改善多瑙河通航的职责。多瑙河委员会在建议与决策方面的权力仅限于其成员国。多瑙河委员会职责包括：

①根据成员国及特别河流行政委员会[1]建议及提议的项目编制总体航运工程规划及预算评估；

②与成员国共同讨论上述工程的执行情况，并提供建议；

③与特别河流行政委员会交换意见、建议；

④制订统一的多瑙河航运交通法规体系及基本的航运规定；

⑤统一河流、海关及卫生检验方面的法规；

⑥协调与欧盟和CCNR之间的内河航运法规；

⑦协调多瑙河水文气象服务，公布多瑙河短期和长期的水文预报；

⑧收集多瑙河航运统计数据；

⑨出版多瑙河航运的相关航行指南、海图及地图等。

（4）其他河流委员会。其他河流委员会包括摩泽尔河流委员会和萨瓦河委员会。其中，摩泽尔河流委员会成立于1957年，由卢森堡、法国和德国组成；萨瓦河委员会，成立于2002年，由斯洛文尼亚、克罗地亚、波斯尼亚和黑塞哥维那、塞尔维亚组成。

国际河流委员会中的一些成员，同样也是欧盟成员国，但不全是。例如，瑞士是CCNR成员，但并不是欧盟成员国。多瑙河委员会中一半以上成员为非欧盟成员国，他们分别是克罗地亚、摩尔多瓦、俄罗斯、乌克兰和塞尔维亚。欧盟没

[1] 贝尔格莱德条约也在多瑙河的具体航段建立了专门委员会，负责管理具有公共影响力的水力工程及其流域的航行。专门委员会由成员国组成。

有对国际河流委员会的法律管辖权，因此即使受到邀请，也只能以观察员的身份出席会议。

虽然 CCNR 和多瑙河委员会有权负责航行，但值得一提的是，国际上仍然还有其他的关于环境质量、欧洲航道保护和管理方面的国际协定。

（5）欧盟职责。欧盟对其成员国在内河运输方面的职责和政策主要包含 6 个方面：

①内河运输市场的运作与准入；

②安全与技术法规；

③专项政策与计划，包括马可波罗计划；

④内河综合信息服务计划；

⑤关于欧洲航运和内河航道行动与发展的欧盟计划；

⑥跨欧洲网络政策与项目。

（6）联合国欧洲经济委员会（UNECE）。UNECE 的职责主要是从整体上促进欧洲的经济发展。它在内河运输领域的职责主要是负责欧洲各成员国之间国际货物运输标准的协调，并且现已演变为欧盟成员国与非成员国之间国际货物运输标准的协调。UNECE 欧洲内河航道编码（CEVNI）和内河危险货物国际运输的欧洲协定（AND）中涵盖了许多内河运输安全与环境的相关规定。

2.1.2.3 内河运输发展目标

欧盟将“可持续发展”作为交通运输发展战略的核心理念。欧盟国家发展计划（2001）提出了一系列措施，旨在振兴铁路运输，促进海运和内河运输，同时控制空运的增长，实现综合运输系统的平衡发展。不过，在 60 条措施中，只有 4 条涉及内河水运发展，分别是：

①消除内河运输发展瓶颈；

②使内河运输的技术规格标准化；

③统一船员的证书；

④开发助航系统。

该计划一直在接受评审，并自 2005 年起进行了修订，到目前为止，修订仍在继续。评审有利于考察 2001 计划在促进运输可持续发展的过程中起了多大的作用。评审发现，目前面临的最大挑战就是各种运输方式在综合运输系统中发展的失衡，而且自 2001 年以来，失衡逐渐加剧。例如，这几年来，内河运输增长不明显，而公路运输却增长了 15%。据估计，公路运输的拥挤程度已经达到了年耗资欧盟 GDP 的 1%。整个计划中，最有利的评审结论是，欧盟政策的实施，稍微放缓了运输模式向公路运输的转移进程。

评审指出，由于近年来温室气体效应和全球变暖趋势的不断明显，2001 年制订的措施已不能满足当前的需要，应该强化可持续发展在政策中的地位，有必要优化每种运输方式的发展潜能，促进和鼓励发展环保、节能、安全的运输，促进多式联运发展，有效利用不同运输方式搭配组合。

在这层意义上，欧盟政策的部分内容还是有利于促进内河、沿海、铁路和多式联运发展的。评审指出，通过将内河运输融入整个物流链，可以进一步提高内河运输在综合运输体系中的地位。在具体实施方面，欧盟巩固了马可波罗计划，并提出了新的计划，被称为“欧洲航运与内河航道发展行动方案（NAIADES）”。此外，欧盟还努力倡议建立泛欧运输网络。

（1）马可波罗计划

为了促进各种运输方式的平衡发展，欧盟建立了马可波罗计划（Marco Polo）计划，所有关于运输方式由公路向内河运输等其他环保型方式转换的有利建议都可以得到该计划的资助。欧盟的资助最高可达成本的 35%，主要取决于公路运输向内河、沿海或铁路运输方式转移的吞吐量的大小。

（2）欧洲航运与内河航道发展行动方案（NAIADES）

继 2005 年，欧盟发展计划评审过后，欧盟启动了欧洲航运与内河航道发展行动方案，简称 NAIADES。该计划经过了欧盟成员国及内河航运业的相关代表和协会的广泛协商，主要包括市场、船队、工作与技能、形象与基础设施 5 个方面的发展战略，具体如下：

①市场。NAIADES 致力于扩大内河航运市场的范围，在散货和集装箱运输的基础上，增加危险货物、车辆、不可分割的物体、可回收利用的货物运输以及江海通达运输，并鼓励发展多式联运服务。NAIADES 指出，获取资金所面临的最大问题就是受限的融资能力。方案建议，实施税收鼓励政策，特别是对中小型企业给予优惠。为了促进内河航运发展的繁荣，方案还致力于改善和简化每个国家在内河运输方面的行政管理框架。

②船队。NAIADES 指出，虽然内河运输本身具有环保的比较优势，仍应鼓励使用新的技术，特别是具有商业可行性的替代燃料。此外，还应该进一步提高运输安全性。方案还建议，完善法律体制，促进新技术更快得以实施。

③工作和技能。根据调查发现，内河运输业缺乏大量的劳动力。欧盟希望改善欧洲内河运输业的工作条件和社会条件，吸引更多的劳动力从事内河运输。NAIADES 建议，欧盟各成员国之间应当相互承认从业人员的资质，并提高技术培训水平以满足现代化发展需求。

④形象。NAIADES 号召提高社会大众和货主对内河运输潜在优势的认识和

意识。目前，欧盟有些成员国已经建立了欧洲内河运输的宣传和发展网络。方案指出，欧盟和莱茵河航行中央委员会目前正在开发一个欧洲范围内的市场监控体系，旨在更有效地提供内河运输的相关统计。

⑤基础设施。针对一些内河航道存在的通航瓶颈问题，NAIADES指出，必须优先排除内河航道的瓶颈（见TEN–T项目）。内河信息服务应能够提高内河运输的竞争力和运输安全。

NAIADES指出，目前欧洲内河运输的管理体制过于分散，要想顺利实施该计划，首先应该进行管理机构改革。

目前，NAIADES还处于前期阶段，根据第一份进度报告，内河运输的地位还没有发生大的变化。前期阶段所做的相关工作包括：一些成员国已经自行采取了一些促进内河城市垃圾和集装箱运输的有效措施；两个TEN–T项目也已开始着手准备；针对船员工作时间问题展开了“社会对话”。2006年，只有一个内河运输项目提交至马可波罗计划，TEN–T对内河运输的预算也只有900万欧元（约合9 000万元人民币）。

（3）泛欧运输网络政策与项目（TEN–T）

泛欧运输网络的概念，与实施单一市场的提议一并出现于20世纪80年代末期，于1990年通过《马斯河条约》编入欧盟法律，内容涵盖运输、能源和通信。欧盟决策者指出，只有当现代化的、高效率的基础设施把相关各地区和国家网络有效连接在一起，统一的、单一欧洲市场才可能真正形成。决策者认为，泛欧运输网络的建设是促进经济发展的一个重要因素。

欧盟已经制订了关于TEN–T的指导方针，对具有公共利益的项目的目标、优先选择和识别等方面进行了规定。大量具有公共利益的项目已经通过预算，取得了欧共体预算的资金支持以及欧盟机构基金、协调基金的资助。欧洲投资银行也以贷款的方式对TEN–T项目提供资助。

但是，欧盟表示，TEN–T的实施情况令他们失望。至2003年，对TEN–T的建设和改善完成了还不到1/3。因此，2005年，欧盟宣布了一个TEN–T优先发展项目表，共包含30个主轴（通道）和TEN–T开发项目，希望能够通过优先发展次序，集中精力促进运输基础设施网络的建设。

这30个优先发展项目是由欧盟成员国根据项目对欧盟经济一体化和可持续发展的贡献选举产生。据估计，总投资成本达2 250亿欧元。欧盟成员国认为他们自身无力资助这些项目，因此，欧盟提议会承担大部分成本。

在这30个TEN–T项目中，有两个是内河运输项目，分别为：

①莱茵河／马斯河–美因河–多瑙河航道项目。在荷兰的鹿特丹和比利时的

安特卫普，可与北海相连，在罗马尼亚的康斯坦萨可与黑海相连。它包含了莱茵河和多瑙河这两大欧洲内河航道，以及这两大航道之间的连接航道（美因河）和交汇处（马斯河，比利时）。该航道的建设，计划全程最小吃水深度为 2.5m，可通航 3 000 载重吨船舶；其中马斯河吃水深度为 3.5 m，可允许 6 000 载重吨船舶在比利时与莱茵河之间航行。欧盟预计，这条航道将提高运力 30%，实现货物吞吐量达到 50 亿 t · km，同时可降低船舶运行成本约 20% ～ 30%。航道将全程使用 RIS 系统。目前，该项目预计总投资额为 19 亿欧元，不过最终总成本可能超过 25 亿欧元。欧盟已经同意资助 1.902 亿欧元。

②塞纳河—斯凯尔特河航道项目。该项目旨在改善巴黎与比利时、荷兰、卢森堡区域之间的航道条件，排除巴黎北部航道的瓶颈，目前，那里只能通航 400 ～ 750 载重吨的船舶。计划新建设一条长约 106km、54m 宽连接塞纳河和斯凯尔特河的运河，允许 4 400 载重吨的船舶航行，可减少船舶运行成本约 2/3。法国政府将通过国家交通设施基金投资 45 亿欧元。目前，可行性研究报与筹备工作正在进行中，预计在 2020 年开始承担运输任务。若该计划得以，将至少减少公路上 50 万辆货车，也将减少大量碳排放。

2.1.2.4 欧盟内河航道设施成本回收

欧洲内河运输收费由各国政府决定，但需要受河流委员会协议的制约。作为 1868 年曼海姆协议的结果，欧洲最大的河流莱茵河（占欧洲内河运量的 3/4）是禁止收费的；根据 1948 年贝尔格莱德协议，第二大河流多瑙河（约占运量 10%）也是免费的。沿线各国收取船舶登记费，个别港口收取港口费和引航费。

其他河流各国有各自的收费规定，包括港口费、过闸费、运河费、过桥费，引航费、推船费及拖船费。这些费用的征收标准可以根据船舶吨位、船型、货种、货运量或客运量、航道使用频次、拥挤设施、等候时间或天数等的不同而不同。在内河大国德国，不仅莱茵河和多瑙河是免费使用的，其境内的易北河和奥得河航段也可以免费使用；其他河流，如摩斯河，按照摩斯条约规定需要收费。

尽管各国收费系统不同，但欧盟成员国按照欧盟法律，不得对其他欧盟成员国的船舶征收歧视性税收。

由于欧洲最大、最繁忙的两条内河航道都不征收任何费用，欧盟建设维护资金通过内河收费的补偿率极低，不超过 10%。

在欧洲，内河的娱乐、水管理、灌溉、工业用水和防洪等内河航道的其他功能解决了基础设施建设和维护的大部分成本问题。另外，河流和运河的桥梁等结构，由于属于与公路或铁路的交叉运输方式，成本也因此可以各担一半。

欧盟的政策旨在支持各种运输方式制订更加透明、统一的收费原则。因此，对于内河运输，其目的是开发共同的会计和成本拨款办法，制订共同的、最好能反映社会边际成本的收费标准。

2.1.2.5　内河综合信息服务系统

与美国一样，欧盟也正在开发内河综合信息服务系统，它要求各成员国有责任采取措施实施内河信息服务，并规定了信息服务系统建立的原则，旨在将内河运输发展成为一种透明的、可靠地、灵活且容易接近的运输方式。

欧洲委员会第 414/2007 号法规规定了 RIS 一体化标准和程序。各国主管当局负责实施 RIS 服务，主管当局通常为各国航行当局、航行委员会或政府有关航行部门。法规允许邻国共同建立联合 RIS 系统。

主管当局必须向 RIS 用户提供相关航道的航行数据；确保 RIS 用户可以得到电子海图；确保主管当局可以得到关于船舶航行和货物数据的电子船舶报告；确保向船长提供的有关航道水位和冰冻信息是标准化的、电子编码的、可以下载的信息；为船舶自动识别系统提供 VHF 频道；鼓励船长、船舶经营人、船代或货主充分使用新服务。

欧盟主管当局筹资以预算为主，同时仅向用户收取很少的费用作为成本补偿。航运业需要支付用于 RIS 系统的船上必备设备。建议安装的设备包括：无线电接收设备，同时接收船至船、船至岸的两条 VHF 频道；雷达；配有移动通信设施的电脑，用于上网、进行电子邮件通信和电子汇报；一个内陆电子海图导航系统设备；带有位置接收器和无线收发器的船舶跟踪系统，如 AIS 系统。

2.2　中国、美国、欧盟内河水运发展对比分析

2.2.1　基本情况对比

2.2.1.1　航道情况

长江、密西西比河和莱茵河分别是中国、美国、欧盟最具代表性的河流，也是世界上最为发达的河流，三条河流的长度分别为 6 300km、6 262km 和 1 320km。长江与其他两条河流的相比有如下特点：

（1）长江水系支线发达。2010 年长江水系（不含京杭运河，以下皆同）的等级航道 64 046km，是长江河流长度（发源地至入海口距离）的 10.2 倍，密西西比河是 3.2、莱茵河是 3.4，表明长江水系的区域辐射范围更大。长江支线通航里程占长江水系通航里程的 95.6%，而密西西比河和莱茵河分别为 81.2% 和 77.8%。相关数据见表 2-1。

中国、美国和欧盟内河主要航道基本情况 表 2–1

河　　流	长　　江	密西西比河	莱　茵　河
河流全长（发源地至入海口距离）（km）	6 300	6 262	1 320
2010 年货运量（亿 t）	8.9	6.6	3.1
水系等级航道（km）	64 046	20 000	4 500
干线通航里程（km）	2 838	3 766	1 000
干线航道维护水深	太仓以下，12.5m； 太仓—南京，10.5m； 南京—芜湖，7.5m； 芜湖—安庆，5m； 安庆—武汉，4m； 武汉—城陵矶，3.5m； 城陵矶—宜昌下临江坪，3.2m； 宜昌下临江坪—涪陵，4.5m； 涪陵—重庆，3.5m； 重庆—宜宾，2.7m	2/3 以上航道在 2.74m 以上	Ⅳ级航道为主，水深 2.5m 以上
支线通航里程（km）	61 235	16 234	3 500
货运量／水系等级航道（万 t/km）	1.4	3.3	0.7
支线通航里程／水系等级航道	95.6%	81.2%	77.8%
水系航道里程／河流长度	10.2	3.2	3.4
水系航道里程／干线通航里程	22.6	5.3	4.5
干线船闸（座）	2	23	16
主要船闸主尺度（m）	280 × 34 × 5	一般船闸：183 × 33.5 × 3.96 大船闸：366 × 33.5 × 4.6	300 × 12 × 4
主要支流	岷江、嘉陵江、乌江、湘江、汉江、赣江、信江等	伊利诺斯河、密苏里河、俄亥俄河、阿肯色河等	内卡河、美因河和摩泽尔河等
主要货种	矿建材料、煤炭、石油天然气及制品、金属矿石等大宗散货	煤炭、食品及农产品、石油及制品、原材料等	建材、石油、金属矿石、煤炭等大宗散货

（2）长江维护水深要比密西西比河深。目前长江自宜宾以下全在 2.7m 以上，长江干线中游航道在 3.5 ～ 4m，下游维护水深高达 12.5m，而密西西比河干线仅有 2/3 的航道水深在 2.7m 以上，欧洲的莱茵河航道以Ⅳ级为主。密西西比河和莱茵河经过长时间的发展，已经趋于稳定，而我国的长江随着航道整治的继续推进，航道等级还将继续提高。

（3）长江干线的渠化程度低于欧美主要河流。长江干线目前船闸仅有三峡船闸和葛洲坝船闸，中下游没有船闸，仍属天然航路，但随着航道维护和浚深工程的推进，中下游航道水深在增加。据统计，密西西比河干线上有船闸 23 座，渠化程度比长江干线高，到目前为止河流的通航环境比较稳定。莱茵河 1 000km 的干线航道，拥有 16 座船闸，平均每 600km 就有一座船闸。

（4）长江干线货物运输较国际主要河流繁忙，支流货运量仍有发展空间。从表 2–1 的比较数据来看，2010 长江水系货运量 8.9 亿 t，是密西西比河的 1.3 倍，是莱茵河的 2.9 倍。据交通运输部统计，长江干线的货物承载量占长江水系的 73.4%，大约 6.5 亿 t，与密西西比河全水系的货运量相当，而长江干线通航里程仅是密西西比河的 74.6%，因此长江水系干线货物运输相对繁忙，支线货运量还有较大发展空间。

2.2.1.2　内河运输船舶

长江上航行的运输船舶与欧美主要河流的运输船舶相比，具有以下特点：

（1）长江运输船舶总量比欧美多。截至 2010 年长江干线共有运输船舶 5.5 万艘，总运力 3 431 万载重吨；美国的密西西比河内河运输船舶有 3.2 万艘，总运力 4 766 万载重吨；德国、荷兰、比利时、法国、卢森堡、瑞士、捷克等 8 国拥有欧盟 90% 以上的运力，截至 2011 年年底，欧盟 8 国共有内河船舶 1.4 万艘，1 392 万载重吨。

（2）长江内河运输船舶平均吨级比欧美低。截至 2011 年我国长江干线船舶平均 780 载重吨，密西西比河平均 1 480 载重吨，莱茵河平均 1 000 载重吨。当前长江航道条件优越，千吨级船舶可直通重庆，随着长江老旧船舶淘汰及船型标准化工作的顺利开展，长江船舶也有着向大型化发展的趋势将较为明显。

（3）长江以机动船为主，欧美驳船比重较大。长江内河运输船舶机动船与驳船比例为 9 ∶ 1，密西西比河为 1.6 ∶ 8.4，欧盟 8 国为 7.5 ∶ 2.5。密西西比河凭借其完善的内河航运管理体系和相对稳定的货源，多年来运输船舶结构稳定，主要以吃水浅、载重量大的驳船运输方式为主，机动船舶较少，且船舶吨位较小，平均吨位在 260t 左右。莱茵河是国际河流，虽然全线都已完成渠化，但每年船舶运输中仍会不同程度地受到枯水期和洪水期的影响，所以其营运船舶中主要以机动灵活的自航船为主。

（4）在分货类船舶构成上，长江与欧美差距不大，均以干散货船为主。长江散货船占到 73.3%，算上以运输干散货为主的驳船，干散货船舶总数量占内河运输船舶的比例达到 83.5%，其次是油船 5.4%，化学品船 4.4%。密西西比河干散货船比例达到 76.5%，油船 12.2%，拖船 11%。欧盟 8 国干散货船数量占 71.2%，油船占 15.5%，顶推船和拖船占 12%，见表 2–2 ～表 2–4。

2010 年长江干线船舶统计数据 表 2–2

船舶类型	艘　数		载　重　吨		平均运力（t）
	统计量（艘）	比重（%）	统计量（万 t）	比重（%）	
客船	1 174	2.13	—	—	—
干散货船	40 369	73.28	2 681.60	78.15	664.27
化学品船	2 428	4.41	87.60	2.55	360.79
油　船	2 955	5.36	123	3.58	416.24
集装箱船	566	1.03	122.1	3.56	2 157.24
滚装船	215	0.39	11.3	0.33	525.58
驳船	5 617	10.20	373.8	10.89	665.48
其他	1 768	3.21	32.10	0.94	181.56
合计	55 092	100.00	3 431.40	100.00	622.85

2010 年美国密西西比河船舶数据 表 2–3

船舶类型		数量（艘）	功率（马力）	运力（t/ 艘）/ 载重吨（t）	平均运力（t/ 艘）	平均功率（kW/ 艘）
机动船舶	干散货和客船	1 363	2 205 937	354 844	260.34	1 618.44
	渡船	81	49 597			612.31
	油船	4	14 620	33 700	8 425.00	3 655.00
	拖船	3 561	6 686 648			1 877.74
	小计	5 009	8 956 802	388 544	77.57	1 788.14
无动力船舶	干散货驳船	23 291		37 425 578	1 606.87	
	油船驳船	3 914		9 849 303	2 516.43	
	铁路浮驳	2		3 077	1 538.50	
	小计	27 207		47 277 958	1 737.71	
总计		32 216	8 956 802	47 666 502	1 479.59	

数据来源：美国陆军工程兵导航数据中心。

注：1 马力 =735.499W。

2011 年欧盟主要 8 国船队结构　　表 2–4

货运船队	数量 (艘)	运力 (t)	功率 (kW)	平均运力 (t/ 艘)	功率 (kW/ 艘)
机动散货船	6 753	6 923 479	3 958 472	1 025.24	586.18
散货驳船	3 117	4 074 241		1 307.10	
小计	9 870	11 522 310	4 411 051	1 167.41	446.91
机动油船	1 992	1 565 673	1 906 515	785.98	957.09
油驳	155	235 113	0	1 516.86	
小计	2 147	2 404 425	2 717 639	1 119.90	1 265.78
拖轮	631		140 969		223.41
顶推船	1 039		488 986		470.63
小计	1 852		706 547		381.5
总计	13 869	13 926 735	7 835 237	1 004.16	564.95

数据来源：CCNR Market Observation 2010。

2.2.1.3　运输方式构成（表 2–5）

根据美国统计局和美国交通统计局所公布的最新统计年鉴显示，2007 年美国公路、铁路、内河、管道、沿海货物的国内货运周转总量为 61 990 亿 t · km，其中公路运输为 19 229 亿 t·km，占货运周转总量的 31%；铁路运输 26 566 亿 t·km，占货运周转总量的 42.9%；内河运输 4 723 亿 t · km，占货运周转总量的 7.6%；管道运输 8 142 亿 t · km，占货运周转总量的 13.1%；沿海运输 3 330 亿 t · km，占货运周转量的 5.4%。

2008 年欧盟 27 国共完成货物运输周转 40 878 亿 t · km，其中公路运输周转总量最大为 18 777 亿 t · km，占总转量的 45.9%；铁路运输周转量 4 427 亿 t · km，占总量的 10.8%；内河运输周转量 1 453 亿 t · km，占总量的 3.6%；管道运输 1 241 亿 t · km，占总量的 3%；沿海运输 14 980 亿 t · km，占总量的 36.6%。

2011 年中国国内公路、铁路、内河、管道、沿海货物运输周转量总计 109 795 亿 t · km，其中公路运输周转量 51 375 亿 t · km，占总量的 46.79%；铁路运输 29 466 亿 t · km，占总量的 26.84%；内河运输 6 565 亿 t · km，占总量的 5.98%；管道运输 288.5，占总量的 2.63%；沿海运输 19 504 亿 t · km，占总量的 17.76%。

中国、美国和欧盟整体各运输方式货运份额（周转量：10 亿 t · km）　表2–5

运输方式	欧盟 27 国		美　国		中　国	
	2008 年		2007 年		2011 年	
公路	1 877.7	45.9%	1 922.9	31.0%	5 137.5	46.79%
铁路	442.7	10.8%	2 656.6	42.9%	2 946.6	26.84%
内河	145.3	3.6%	472.3	7.6%	656.5	5.98%
管道	124.1	3.0%	814.2	13.1%	288.5	2.63%
沿海	1 498.0	36.6%	333	5.4%	1 950.4	17.76%
总计	4 087.8	100.0%	6 199.0	100.0%	10 979.5	100.0%

数据来源：欧洲统计署、美国统计局、中国国家统计局。

从货物运输方式上来看，美国主要以铁路运输为主，铁路运输周转量占货运总周转量的 42.9%，中国和欧洲货物运输主要以公路运输为主，公路运输周转量分别占总周转量的 46.7% 和 45.9%。三者内河货运周转量所占比重较小，美国为 4 723 亿 t · km，占总周转量的 7.6%；欧盟 1 453 亿 t · km，占总周转量的 3.6%；中国 6 565 亿 t · km，占总周转量的 5.98%。从货物周转量上看，2011 年中国内河货物周转总量高于美国和欧盟，但其在总运输中所占的比重低于美国。

2.2.2　内河发展战略研究及相关规划

2.2.2.1　中国内河发展战略研究及相关规划

1999 年，原交通部组织开展了内河运输发展战略研究。通过研究中国自 1949 年以来的内河运输发展，分析了中国河流的条件和内河发展情况，建议学习其他国家先进经验，并制定了一系列发展战略和改善航道建设的安全措施。2002 年，原交通部开展了关于内河和公路运输发展战略的研究，提出了“内河优势战略”，在充分考虑自然航道设施和产业区域、经济发展水平以及航道系统等因素的情况下，提出了促进可持续发展的运输措施，要求充分利用内河运输，提高航道等级，实现船舶标准化，改善港口码头条件，在与水利部及其他相关机构的配合下，充分利用水资源。

2007 年，国家发展和改革委员会与原交通部通过进一步研究内河航道、港口和运输现状，编制并发布了《全国内河航道与港口布局规划》，对长江流域、珠江流域、京杭运河和淮河流域、黑龙江和松辽河流域以及闽江流域等中国各主要内河运输系统进行了具体规划。

2011 年，国务院出台了《关于加快长江等内河水运发展的意见》，提出把发展内河水运作为建设综合运输体系的重点任务，坚持深化改革，加强统筹规划，强化科学管理，加大投入和建设力度，推进节能减排和技术进步，切实提升内河水运的质量效益和现代化水平，促进产业结构调整和区域经济协调发展。利用 10 年左右的时间，建成畅通、高效、平安、绿色的现代化内河水运体系，建成比较完备的现代化内河水运安全监管和救助体系，运输效率和节能减排能力显著提高，水运优势与潜力得到充分发挥，对经济发展的带动和促进作用显著增强。2020 年，全国内河水运货运量达到 30 亿 t 以上，建成 1.9 万 km 国家高等级航道，长江干线航道得到系统治理，成为综合运输体系的骨干、对外开放的通道和优势产业集聚的依托。长江等内河主要港口和部分地区重要港口建成规模化、专业化、现代化港区。运输船舶实现标准化、大型化，长江干线运输船舶平均吨位超过 2 000t。

2.2.2.2　美国内河发展战略研究及相关规划

美国内河发展相关事务由美国运输部海事局负责，其主要职责目标是改善和增强美国海上运输系统，促进美国经济的发展和安全。由其组织研究并颁布的 2003 ～ 2008 年发展战略，针对内河运输发展的相关问题作了具体部署，出台了一系列措施。

美国内河长期发展战略始于 100 多年前的 1879 年，特别是 1828 年，为振兴美国经济，修订了密西西比河开发计划。之后，陆军工程兵持续执行该计划对密西西比河进行了大规模综合开发和水资源综合利用。

2.2.2.3　欧盟内河发展战略研究及相关规划

欧盟将“可持续发展”作为交通运输发展战略的核心理念。欧盟国家发展计划（2001 年）提出了一系列措施，旨在振兴铁路运输，促进海运和内河运输，同时控制空运的增长，实现综合运输系统的平衡发展。

在具体实施方面，欧盟巩固了“马可波罗计划”。所有关于运输方式由公路向内河运输等其他环保型方式转换的有利建议都可以得到该计划的资助。“欧洲航运与内河航道发展行动方案（NAIADES）”，主要包括市场、船队、工作与技能、形象与基础设施 5 个方面的发展战略。“泛欧运输网络政策与项目（TEN−T）”致力于将当现代化的、高效率的基础设施把相关各地区和国家网络有效连接在一起，形成统一的、单一欧洲市场，通过泛欧运输网络的建设，促进经济发展。

2.2.3　内河航运管理体制比较

内河运输主要管理机构，见表 2−6。

美国、欧盟和中国的管理机构相比，欧盟管理体制的设置最复杂，主要体现为两种地理政治现象。

内河运输主要管理机构　　表 2-6

中　国	美　国	欧　盟
交通运输部（MOT） 交通运输部派驻机构：长江航务管理局和珠江航务管理局 地方港航管理机构	联邦运输部航运管理局 美国陆军工程兵（USACE）	欧盟：国际河流委员会 各国政府：联合国欧洲经济委员会（负责协调泛欧洲航运规则）

①在欧洲具有商业价值的航道是否是国际航道，取决于主权国家早已签订的国际协定和条约中对国际权利、义务及体制设置等要求；

②欧盟成员国与非成员国在欧洲内河运输方面面临着实现政策协调、技术法规一体化和经济一体化的挑战。

欧盟内河运输的管理既分散又复杂。欧盟只能制订束缚欧盟成员国的规则，莱茵河航行中央委员会也只能制订束缚莱茵河的相关规则，而多瑙河甚至都无权制订任何束缚性规则。

从总体上来说，美国与中国的管理体制更具有可比性。中国与美国的内河运输航道主要为国家级的航道，但中国和美国在部门管理上采取的方法还是完全不同的。

在美国，联邦政府通过运输部海事局负责内河运输的总体政策制定，对内河运输网络的管理和运行几乎完全由一个单一的、综合性较强的军事机构——美国陆军工程兵负责。各州不负责对内河运输政策的执行或对航道基础设施的管理，只是通过协商机制致力于他们可能会赞助的项目投资中。

美国与中国管理方法的比较与评估主要考虑以下 3 个方面：

（1）民政管理或军事管理

美国内河运输管理体制的一个独特之处在于采用了军事管理。实施军事管理，管理效率自然很高，在许多水资源事务的协调管理上也还行之有效，但是这种管理体制的建立却也是基于历史因素。美国其他运输网均采用的是民政管理模式。过去，曾有提案建议，USACE 的职能也应当接受运输部的统一监督，但没有被采纳。

（2）集权与分权

美国内河运输管理体制的一个优点是采用了集中管理模式，统一管理全国运输发展。而在中国，对内河运输的管理已基本下放至地方政府，无疑这使政策执行的一致性和行动的协调性面临着很大的挑战，但这并不表示集权管理模式就适合中国。事实上，中国与美国具有完全不同的背景，表现在以下两个方面：

①中国可航行的内河航道系统比美国可航行的内河航道系统大得多，它至少拥有 3 个内河航道网，分别是长江流域、珠江流域及京杭大运河与淮河流域；而

美国只有一个核心航道网，那就是密西西比河流域。

②中国内河运输的平均货运距远小于美国，而且在其内河等级航道网中，有些省级航道比国家航道更重要。

这两个因素表明，单一的集中管理体制未必更适合中国。中国内河运输行业管理实行分级管理体制，交通运输部负责行业整体管理，在长江和珠江水系设立航务管理局作为派驻机构，分别管理长江干线和珠江流域航运管理事务。除干线及重点流域外，其他地区内河运输由地方交通主管部门负责。总的来说，这是比较合理的。

但是，各省份之间对一些政策的执行可能会存在不一致和不协调的情况，表现在船舶发证、定价和收费等。这就要求在内河运输网的管理中应当加强协调与一致性。

（3）利益相关者间的沟通协调

由于中国内河航运产业相对比较庞大，因此，提供航运基础设施和对内河航运产业进行规范管理的公共政策制订者绝不能脱离航运业，而应与船舶经营人（包括大吨位船舶和小型船舶经营人）、内河航运服务的相关产业及港口经营人定期进行沟通。

美国在这方面做了一个很好的榜样，让利益相关者以内河航道用户委员会的形式参与内河航运的管理当中。内河航道用户委员会虽然只是一个行业咨询委员会，但却被法律赋予了一定的职权，由经营不同产品、不同规模的船公司和货主组成。

欧盟也同样成立了行业利益相关者间的沟通协调机制。欧盟“NAIADES”行动方案为内河运输政策提供了5项发展战略，包括市场、船队、工作和技能、形象和基础设施。决策者、基础设施提供者和航运业之间除通过正式渠道沟通外，还将所有的主要计划报告进行公开，并欢迎各界人士对提议和活动提出意见。

2.2.4 内河船舶船龄限制

美国的密西西比河和欧洲的莱茵河，由于内河航道渠化较早，通航状况稳定，经过几十年的发展，通过市场手段，已经形成了适合于航道通航条件的优秀运输船型和船队；船舶的运输结构相对稳定，政府没有通过政策措施来强制淘汰运输船舶，船舶的技术状况只要满足相关船舶检验标准即可继续运营，因此船舶的船龄普遍偏大。

在我国随着航道通航条件的不断改善，船舶平均吨位在不断增加，小吨位船舶的经济性相对降低，市场竞争力减弱，自然淘汰速度加快。船舶的整体船龄相比国外较低。由于航道渠化和整治仍在推进，通航条件在不断发生变化，我国内河运输船舶的平均吨位将还有较大上升空间。

我国为加强老旧船舶管理，优化船舶运力结构，提高船舶技术水平，保障水路运输安全，促进水运事业健康发展，原交通部于 2001 年发布了《老旧运输船舶管理规定》，其间 2006 年、2009 年、2014 年对其进行修订，并以部长令形式发布。对高速客船要求 25 年船龄将强制报废，其他客船达到 30 年船龄需报废；液货船 31 年船龄将强制报废，散货船和矿船 33 年船龄将强制报废（其中黑龙江水系船舶顺延 6 年），其他货船 35 年船龄将强制报废（其中黑龙江水系船舶顺延 6 年）。近些年来，通过实施内河船型标准化，我国又淘汰了一批老旧落后船舶，使得内河船舶的平均船龄相对较低（2010 年为 10.4 年）。

2.2.5 内河航运企业规模比较

我国的内河运输产业集约化程度很低，据统计大约有 4 000 多家航运公司，除企业法人外，我国有大量的一户一船的个体经营户。在我国，大型内河航运集团公司是国有企业改革遗留的产物，其市场份额和资金雄厚的优势是小型航运企业无法相比的。但小型企业由于规模小、经济负担轻、经营灵活等优势，使其在特定航区内和部分航线上具有竞争优势，形成了当前年我国内河航运大型企业和小型企业并存的发展格局。

美国与欧盟的船队几乎全部为私营所有，而我国至少 20% 以上的运力船队，为中央或地方政府所属企业或其他公有制形式的企业。美国密西西比河共有 27 座船闸，以驳船 15 × 1 500 吨级组成的 2.25 万吨级驳船队是主流运输组织方式，前述统计数据也表明美国的驳船数量占到 84.6%。密西西比河的内河船公司主要以小型企业为主，运营区间主要以船闸为节点，没有类似我国的长江航运集团这样大型内河运输集团公司。欧洲的莱运河流经多个国家，河流渠化梯级也相对较多，经过多年的市场化发展，内河航运企业也呈现规模小、数量多的格局。

2.3 美国、欧盟内河水运发展的启示

从内河航运在综合运输体系中的作用和地位来看，欧美和我国具有很多相似之处。但是从发展进程看，欧美的内河航运又走在我国的前面。因此，研究欧美内河运输的现状和发展趋势，对于发展我国的内河航运具有十分重要的意义，一些好的经验和做法值得我们学习吸收，促进我国内河航运的发展；一些不成功的教训也值得我们引以为戒，避免重走欧美的弯路。

2.3.1 充分发挥内河优势，缓解交通拥堵，提升综合运输效率

公路、铁路、水路、航空运输作为综合交通体系的组成部分，各有其优势和特点，

它们之间的合理分工和协作将产生最大化的运输效益。美国和欧盟的发展战略都提出了提升内河在运输体系中的地位的目标，更倾向于促进公路运输向内河等更有利于保护环境的运输方式转变。美国提出与公共组织和私营机构建立合作机制，共同促进内河运输发展，缓解公路的交通拥挤，提高综合运输安全，减轻环境压力。欧盟的“马可波罗计划”对所有关于运输方式由公路向内河运输等其他环保型方式转换的有利建议都可以得到该计划的资助。为了重构各种交通方式的平衡，欧盟委员会出台了《2010 年欧洲运输政策白皮书》，制定了一系列的政策措施。德国联邦政府交通部每 5 年出台一个综合运输规划，尽量在河道附近建设公路、火车站，使港口成为多式联运的枢纽，大大推动了集装箱运输。欧盟绝大部分港口都有完善的公路、铁路设施乃至飞机场作支撑，通过河流运来的货物可以根据距离远近选择合适的交通工具，保证快速送达目的地。

在我国，公路、铁路交通拥堵问题日益严重，仅仅依靠扩建已经不足以从根本上解决这一制约国民经济发展的瓶颈，应当树立大交通的观念，更多地从综合交通体系内部结构平衡的角度去寻求对策。目前我国还没有一个统一的交通运输发展规划，各地区、各部门各自为政，整体化推进比较困难，影响了各种交通方式综合效能的发挥。在某些地方，由于港口附近没有铁路和飞机场，所有的货物都必须通过公路运输转运目的地，导致了严重的交通堵塞，也限制了港口运输效能的发挥。

在我国，要重振内河的生态优势，提升内河在综合运输体系中的货物运输比重，应从 3 个方面入手：

（1）加强各种交通方式之间的协调合作，促进多式联运，在制定交通发展规划、建设基础设施、设置运输线路时综合考虑各种运输方式的衔接配合，科学规划、合理布局。

（2）借鉴欧美经验，制定经济鼓励政策，鼓励货物运输从日益拥堵的公路、铁路分流到水运。尤其是，作为我国黄金水道的长江，其沿岸同一走向的公路、铁路运输均已贯通，货物运输需求空间大，在政策的引导下，将会大幅减轻铁路和公路的运输压力，将货物转移到水路，走节能绿色之路，使水运的生态优势得到进一步发挥。

（3）在通过科学规划，有序推进、提升内河航道的整体通过能力的同时，继续采取经济鼓励政策，加快推动船型标准化，通过政策引导，淘汰老旧落后船舶，鼓励发展先进、节能、绿色船舶，发挥内河水运优势。

2.3.2　利用先进技术促进内河水运业的革新和发展

技术研发，是变外部输血为内部造血的关键。内河航运业的发展，离不开先进技术的支持，也只有加快先进技术的应用，才能使古老的内河航运业适应现代社会高效、安全、便捷的运输要求。欧盟在技术研发方面的大量投入，加快了内河航运业的升级改造，为内河航运提供了良好的信息平台。RIS 系统的开发使用就是以信息化带动工业化的良好范例。为了适应多式联运，提高转运效率，欧盟开发了大量的新技术、新设备。比如，适于托盘运输的“交换箱体”，它比标准集装箱体更宽，很容易实现火车与汽车运输之间的装卸。再如，为了保证大吨位货轮安全通过河道上的桥梁，研究人员开发了船舶驾驶台升降技术，使得船舶的驾驶台能够根据桥梁高度进行自由调节，保证在大大小小的航道中畅通无阻。与欧盟相比，我国的内河航运业在技术水准方面还有较大的差距，需要采取引进技术与自主研发、改造更新与新建双管齐下的方式提高整个行业的技术水平。因此，一方面国家应当从政策、资金上对于技术研发给予扶持、倾斜；另一方面通过法律制度、技术标准要求去引导企业开发应用先进技术，同时通过不断提高船舶技术标准促进内河航运业产业升级并保障水路运输安全。

2.3.3 注重统筹规划、合力推进，保障内河可持续发展

美国从 1936 年起陆军工程兵负责美国全国主要河流的防洪、航道治理、水力发电、城市和工业用水、农田灌溉和环境保护等事项。国会通过的有关法律要求陆军工程兵严格遵循水资源综合利用原则，在制定规划及河流开发时，能按既定目标和原则，兼顾多方利益，力求水资源综合利用效益最优，保证密西西比河的高效、合理开发。

欧盟在制定包含水路运输在内的综合交通发展规划时，站在服务欧盟经济发展的角度，大视野、高度综合地考虑综合运输体系的平衡发展。针对跨境河流的治理和开发，尽可能地消除内河运输发展瓶颈，协调欧盟成员国和非成员国之间的政策标准不一致，努力统一内河运输的技术规格标准化，统一船员的证书，开发助航系统等。

与美国和欧盟相比，我国内河防洪、灌溉、流域规划由水利部负责，交通运输部只负责与航运有关的航道建设和维护、码头岸线资源管理、航运管理等。在水资源的统筹利用和规划方面，不能形成合力，目前尚未有水利部和交通运输部共同出台的相关规划。随着环境资源的科学开发利用，未来的内河开发建设规划应当充分考虑防洪、水资源利用以及航运发展关系，统筹制定长远发展规划，各政府部门合力推进，保障内河的可持续发展。

2.3.4 实施内河航道网络化和标准化

密西西比河水系经过长时期的开发建设，已成为江、河、湖、海相连，四通八达，

干支直达的内河航运网。内河航道的网络化建设，有利于开展江海直达、干支直达，减少了运输的中转环节，使内河运输运量大、成本低的优势可以得到充分的发挥。河流的治理为沿河建厂和工业发展创造了良好条件，形成了美国著名的“钢铁走廊”“化工走廊”“煤炭基地”，大规模的机械化农业与现代化工业又为航运发展提供了充足的货源，从而促进了航运的发展。

欧洲内河航道网络化也十分发达，特别是 20 世纪 70 年代建成的欧洲运河（美因河—多瑙河连接运河），沟通了莱茵河和多瑙河两大水系，使莱茵河三角洲到黑海之滨的 3 500km 航道可以直达运输，形成了西欧和东欧 10 多个国家的内河运输网络化。

与国外相比，我国的内河网格化发展模式已经形成。目前，我国已形成“两横一纵，两网十八线”的内河水运格局。长江三角洲和珠江三角洲的航道网已经形成，正在按照规划逐步提高通航等级，同时与长江干线、西江干线相连接的支线也在逐步提高通航等级。整体上而言，长江水网、珠江水网的整体运输能力在不断提升，服务经济社会发展的能力在逐步提高。沿江产业带也在逐步发展壮大，与美国的发展模式基本相同。同时，通过京杭运河，已使淮河与长江连通，通过“杭甬运河”将钱塘江、长江与东海连通。借鉴欧盟的“欧洲运河”经验，可以开展研究，考虑将长江和珠江两大水系连通，但这一重大战略决策的推动需要长时间论证。

在航道标准化的发展上，我国不能照搬欧美经验原因是：

（1）我国航道的天然条件，致使维护水深不能保持统一标准；同时我国的航道在不断的整治和浚深，航道不是处于稳定状态，实现整体的标准化比较困难，但可以实现局部的标准化。

（2）三峡大坝建成后，使得长江中下游尤其是中游地区的水文、水流、淤沙等情况发生变化，航路在不断变化，并且根据地理知识，这一变化和演变需要较长时间才能稳定，因此，长江航路的整体稳定还需要时间。

第 2 篇

发展环境与需求

3　长江水运发展环境分析

3.1　长江黄金水道发展外部环境分析

3.1.1　国家宏观经济环境分析

3.1.1.1　国家宏观经济基本态势

目前，世界经济尽管还存在诸多不确定因素，但世界经济长期发展的决定因素并未改变，经济长期向好的态势比较明显。经济全球化、世界经济的多极化发展、新兴经济体拉动作用的显著增强将是重要的长期影响因素，工业化阶段、城市化进程、内需提振及结构调整等仍将是我国经济长期发展的因素，并将继续支持经济的增长。

“十三五”时期是全面建设小康社会的关键时期，也是社会改革、加快转变经济发展方式的攻坚时期，我国经济社会仍处于大有作为的重要“战略机遇期”。在经济增长速度换挡期、结构调整阵痛期和前期刺激政策消化期“三期叠加”的背景下，宏观经济面临较大下行压力，2014 年我国 GDP 增长率在 7.4%，略低于 7.5% 的经济增长目标，较上年下降了 0.3 个百分点，是 2000 年以来的最低增速，因消费、投资、出口“三驾马车”对经济的拉动效应略显疲态，经济增长正处于一个换挡换动力的调整时期；CPI 上涨 2%，PPI 下降 1.9%，投资增速的大幅下降导致了 GDP 增速的下滑。虽然投资增速大幅下降，但是，民间固定投资增速快于全社会固定资产投资增速，且对第三产业的投资正在逐步扩大。全年装备制造业、高技术制造业利润增长强劲，产业转型升级步伐有所加快，经济在艰难之中孕育着新的发展空间。2015 年是全面深化改革、全面推进依法治国的关键之年，是全面完成“十二五”规划收官之年，也是我国经济在新常态下步入新发展阶段的一年。经济增长速度稳定在 7% 左右和就业形势基本平稳为我国实现“十二五”规划的预期目标，顺利进入“十三五”规划期，加快实施全面深化改革计划创造有利条件。在 2014 年 11 月，习近平在亚太经合组织（APEC）工商领导人峰会上系统阐述“新常态”的内涵，重点从速度——“从高速增长转为中高速增长”、结构——“经济结构不断优化升级”和动力——“从要素驱动、投资驱动转向创新驱动”三个方面给出了“新常态”的主要特点。同时，经济增速虽然放缓，实际增量依然可观。7%左右的增长，无论是速度还是体量，在全球也是名列前茅的。经济增长更趋平稳，增长动力更为多元，通过协同推进新型工业化、信息化、城镇化、农业现代化来化解各种“成长的烦恼”。我国经济更多依赖国内消费需求拉动，避免依赖出口的外部风险，经济结构优化升级，发展前景更加稳定。2014 年前三季消费对经济增长的贡献率超过投资、服务业增加值占比超过第二产业、高新技术产业和装备制造业增速高于工业平均增速、单位 GDP 能耗下降等数据，显示我国经济结构调整向好。

同时，也要认识到，我国经济将告别高速增长期，逐步进入中高速增长。在这个迈进的过程中，必将产生 3 大现象 ：

（1）经济增速的换挡不是一个短暂的过程，而是一个不断培育新增长点和新增长模式的过程，因此是一个中长期的过程，这需要足够的耐心。

（2）经济增速很强的下滑将是常态，但由于各种参数调整的速度具有不确定性，因此潜在增速回落的幅度具有很强的不确定性，这将给宏观经济政策目标的确定带来巨大的挑战。

（3）寻找和构建新的增长点将是未来几年改革和调整的核心，新一轮改革红利、新一轮人力资本红利、后工业化红利以及产业升级红利，将需要大改革和大调整来构建，因此，在 GDP 增速回落进程中参数变化并不是线性的，它往往会在“大破大立”的构建中出现跳跃性变化。

7 大类结构参数开始发生较大的变化，我国结构大调整的时代已开启。

①需求结构持续发生重大调整，在资本形成贡献率回落的同时，消费贡献率保持稳定，内外需的结构开始向相对合理状况迈进。

②国民经济的总储蓄与总消费结构发生结构性变化，总消费率开始稳定地超过总储蓄率。这表明我国消费驱动的持续性力量开始形成。

③贸易品与非贸易品、工业品与服务在内部需求结构调整和外部不平衡逆转等因素的同时作用下，发生了明显的景气分化、相对价格调整和结构变化。

④刘易斯拐点的到来，不仅标志着我国总体劳动力供需状况发生变化，同时也意味着劳动力就业与工资结构也必将发生重大调整。

⑤金融结构在金融创新和监管套利等多重因素的推动下持续发生调整，这主要体现在人民币贷款占社会融资总量的大幅度下降。

⑥区域结构也正在发生十分快速的变化，无论是消费、投资、出口都在向中西部转移，这集中体现在区域 GDP 增速在持续回落中出现分化。

⑦在低端就业阶层的工资增速持续提升的作用下，收入分配结构有所改善，收入

结构的改善对于我国社会结构的改善和需求结构的改善具有十分重要的战略意义[24]。

3.1.1.2 我国处于“四个全面”战略目标实现期

“四个全面”是指党的十八大以来，以习近平为总书记的党中央从坚持和发展中国特色社会主义全局出发，提出并形成了全面建成小康社会、全面深化改革、全面依法治国、全面从严治党的战略布局。2014 年 11 月，习近平总书记到福建考察调研时提出了“协调推进全面建成小康社会、全面深化改革、全面推进依法治国进程”的“三个全面”,2014 年 12 月在江苏调研时则将“三个全面”上升到了“四个全面”，要“协调推进全面建成小康社会、全面深化改革、全面推进依法治国、全面从严治党，推动改革开放和社会主义现代化建设迈上新台阶”，新增了“全面从严治党”。

全面建成小康社会，是中国共产党第十八次全国代表大会提出的重大战略任务。党的十八大报告提出，确保到 2020 年实现全面建成小康社会宏伟目标的时间表，以及经济持续健康发展、人民民主不断扩大、文化软实力显著增强、人民生活水平全面提高、资源节约型、环境友好型社会建设取得重大进展等具体内涵。从经济建设的总体目标来看，就是要转变发展方式，从过去的投资和出口拉动向消费、投资和出口均衡的方向发展；提出两个倍增：到 2020 年我国 GDP 总额比 2010 年翻番的同时，人均收入也比 2010 年翻番;通过“大众创业，万众创新”“互联网 +”“中国制造 2025”等举措，使我国进入创新型国家行列;基本实现工业化、信息化水平大幅提升、城镇化质量明显提高、农业现代化和社会主义新农村建设成效显著等“新四化”;通过京津冀协同发展、长江经济带建设，配合“一带一路”的对外开放格局，使得区域协调发展机制基本形成；通过自由贸易试验区的先行先试以及“一带一路”的空间拓展，实现对外开放水平的明显提高。全面建成小康社会的社会建设目标包括：基本公共服务均等化、教育现代化基本实现、就业更加充分、收入分配差距缩小、社会保障全民覆盖、基本医疗卫生服务和住房保障体系基本形成等。

全面深化改革。党的十八届三中全会提出《中共中央关于全面深化改革若干重大问题的决定》。全面深化改革的总目标是完善和发展中国特色社会主义制度，推进国家治理体系和治理能力现代化。到 2020 年，在重要领域和关键环节改革上取得决定性成果，形成系统完备、科学规范、运行有效的制度体系，使各方面制度更加成熟更加定型。要维护宪法法律权威，深化行政执法体制改革，确保依法独立公正行使审判权检察权，健全司法权力运行机制，完善人权司法保障制度。中央成立全面深化改革领导小组，负责改革总体设计、统筹协调、整体推进、督促落实。各级党委要切实履行对改革的领导责任。经济体制改革是全面深化改革的重点，核心问题是处理好政府和市场的关系，使市场在资源配置中起决定性作用和更好发挥政府作用。公有制为主体、多种所有制经济共同发展的基本经济制度，是中国特色社会主义制度的重要支柱，也是社会主义市场经济体制的根基。公有制经济和非公有制经济都是社会主义市场经济的重要组成部分，都是我国经济社会发展的重要基础。国有资本更多投向关系国家安全、国民经济命脉的重要行业和关键领域，通过混合所有制让民营资本更多地参与到国家建设中。设立国家安全委员会，完善国家安全体制和国家安全战略，确保国家安全。改革收入分配制度，推进基本公共服务均等化。

全面依法治国。党的十八届四中全会提出“全面推进依法治国，建设中国特色社会主义法治体系、建设社会主义法治国家”的总目标，强调“必须坚持党领导立法、保证执法、支持司法、带头守法，把依法治国基本方略同依法执政基本方式统一起来，把党总揽全局、协调各方同人大、政府、政协、审判机关、检察机关依法依章程履行职能、开展工作统一起来，把党领导人民制定和实施宪法法律同党坚持在宪法法律范围内活动统一起来”。全面推进依法治国是一项十分庞大和复杂的综合性社会系统工程，需要整体规划、突出重点、统一实施、狠抓落实。

全面从严治党。全面建成小康社会战略目标的达成，全面深化改革是途径，全面推进依法治国是保障，全面从严治党是根本。只有通过全面从严治党才能使我们党“坚强起来”，才能在全面建成小康社会、全面深化改革、全面推进依法治国的进程中发挥领导核心作用。全面从严治党具有全局性、根本性。以习近平为总书记的新一届中央领导集体提出，“全面从严治党是推进党的建设新的伟大工程的必然要求”，是对党的建设工程的新设计、新谋划。“全面从严治党”之“全面”涵盖党的思想建设、组织建设、作风建设、反腐倡廉建设和制度建设各个领域，是对党的建设系统性、整体性的体现。习近平总书记提出全面从严治党的思想突出表现在理论和实践的紧密结合上，既从思想建党的角度强调了统一全党思想、坚定理想信念，又从实践角度要求严格落实党章党规要求、严明政治组织纪律，最终扎紧制度的“笼子”。全面从严治党继承和发展了党的思想建设、组织建设、作风建设、制度建设和反腐倡廉建设的基本内容，同时更加具有针对性和实效性。如在思想理论建设方面，突出强调如何坚持共产党人的理想信念问题；在组织建设方面，突出强调了如何培养和选拔党和人民需要的好干部问题；在作风建设方面，实施“八项规定”，开展群众路线教育实践活动，整治“四风”，倡导“三严三实”等。“全面从严治党”之“从严”是对党的建设长期性、复杂性、艰巨性的回应。越是改革开放，越是发展社会主义市场经济，越要从严管党、从严治党，越要坚决反对和防止腐败。不论环境多么恶劣、任务多么艰巨，也不论党取得多大胜利、事业有多大发展，党始终清醒地把“管党”“治党”放在一切工作核心地位，始终坚持“从严治党”方针。

（1）坚持科学立法、民主立法，完善中国特色社会主义法律体系。自觉适应形势任务的新变化，及时回应人民群众的新期待，努力推动立法从主要服务于经济增长的速度、总量和规模，向更加注重服务于经济发展的效益、质量和方式，推动科学发展转变；从主要进行有关经济调节和市场监管的立法、致力于建立健全社会主义市场经济体制，向更加注重有关社会管理和公共服务的立法、同时着力于建立社会主义和谐社会和服务型政府转变；从主要强调立法的数量和速度，向更加注重立法的质量和效果转变。

（2）推进依法行政，到 2020 年基本建成法治政府。围绕行政决策、行政执法、行政公开、行政权力监督、行政化解矛盾纠纷等主要环节深入推进依法行政，着力规范政府行为，特别是要紧紧抓住行政机关严格规范公正文明执法这个重点和难点任务，完善执法体制，创新执法方式，加大执法力度，规范执法行为，全面落实行政执法责任制，真正做到有法必依、执法必严、违法必究，切实维护公共利益、人民权益和经济社会秩序。

（3）进一步深化司法体制改革，不断提高司法公信力。解决影响司法公正和制约司法能力的深层次矛盾和问题，加快建设公正、高效、权威的中国特色社会主义司法制度[24]。

3.1.1.3 国家经济处于“三期叠加”的历史时期

我国经济正处于增长速度换挡期、结构调整阵痛期和前期刺激政策消化期。

（1）增长速度换挡期。增长速度进入换挡期是由经济发展的客观规律所决定的。改革开放 30 多年来年均近 10% 的持续高增长，把我国经济带到了世界第二大经济体。这种高速度的增长是以资源的高消耗、环境的高污染和资金的高投入换来的，成本太高，代价太大。随着国民经济总量等基数增大，支撑经济发展的人力资源、自然资源以及制度安排和经济政策等要素正在发生变化，从劳动力、资本、技术进步等生产要素结构分析，从一、二、三次产业结构分析，都可看到，我国经济增长速度下降是经济发展的阶段性现象，是一个发生在实体经济层面上的自然过程。这些内在影响，再加上国际金融危机的外来影响，我国经济增速近年来呈现逐级放缓的态势。2003 ～ 2007 年我国经济年均增长 11.6%，2008 ～ 2011 年年均增长 9.6%，2012 年增长 7.8%，2013 年增长 7.7%，2014 年增长 7.4%。在世界经济增长动力仍显不足、国内结构调整不断深化的大背景下，“七上八下”的经济增速处于合理区间。“十三五”期，经济增长的速度很可能落到 7% 以下，但随着第三产业比重的提高，经济增长的质量会进一步提高。中速增长是经济增长速度回到一个更理性的区间内。中速增长今后要常态化，长期化，平稳化，是一种新的增长理念，是经济健康增长的重要标志。增速换挡的同时是增长方式的换挡。过去的增长方式过于粗放，主要是依靠要素驱动，总量扩张获得 GDP 的高速增长。这种增长方式遇到了资源的约束和环境的挑战，今后的增长方式要由要素驱动的粗放增长转变为创新驱动的内涵增长，更注重质量和效益，要由过去追求的资源密集型、劳动力密集型转向技术密集型和资本密集型。这也是经济增长理念的重要创新，通过体制创新激活发展活力，通过科技创新提升企业的核心竞争力，经济增长才能步入创新驱动内生增长的新轨道。增速换挡的同时还有增长动力的换挡。过去增长的动力主要依靠投资拉动，特别是政府投资拉动，形成了很严重的后遗症。党的十八届三中全会之后，经济增长的动力由过去单一的投资拉动转向改革作动力，通过改革体制激活企业、释放活力，打造新制度红利，通过改革实现体制创新，从根本上解决经济增长动力源问题。从十八届三中全会到全国两会，改革是主旋律，是热点词语，体现了经济增长动力换挡的新思维。

（2）结构调整阵痛期。结构调整面临阵痛期是加快经济发展方式转变的主动选择。阵痛来源于 3 个方面：

①国企改革的阵痛。调整所有制结构，关键是降低国有经济比重，提高非公经济比重，国企改革的任务越来越重，任重而道远。过去国企改革经历了三个阶段，现在进入多元化的混合经济的新时代，国有企业要从国有独资控股，吸引大量的海外、民间资本进入国有企业参股，形成股权多元化的混合经济，构建法人治理结构，推进现代企业制度运行。国企改革很难，资金从哪里来，人员如何安排，下岗职工如何再就业，国企垄断地位如何打破，这是一个系统工程。十八届三中全会揭开了新一轮国企改革的序幕，要化解各种阵痛，保证国企改革的顺利进行。

②过剩产能的阵痛。粗放增长形成的严重的后遗症，就是重复建设加重，产能严重过剩。调整结构要认真地淘汰落后产能。现在钢铁、水泥、电解铝、玻璃、造船、汽车制造等 16 个行业产能都严重过剩，导致企业开工不足，库存增加，销售困难，利润变薄，甚至出现了亏损局面。之后产生的问题是企业如何运营，停工之后银行债务如何偿还，下岗职工如何安置，将来的发展项目怎么决策，如何让市场在资源配置中起决定性作用。淘汰过剩产能，要从改革体制入手，才能彻底治本，最终要靠市场的机制来推动企业兼并重组，调整优化产业结构，化解落后产能，这也是市场机制重新配置资源的过程。

③政府债务过高的阵痛。过去一些地方政府片面追求政绩、搞 GDP 大跃进，导致政府负债过高。2013 年国家审计署审计发现地方政府债务规模达到 18.7 万亿元，再加上中央政府债务，要达到 27 万亿元的规模，已经达到 GDP 总量的 50%。这些年遭遇政府债务偿还的高峰期，各级财政面临巨大压力。地方债务堆积如山，

化解难度很大，化解过程中带来各种阵痛，需要我们认真解决政府债务种类过杂、规模过大、隐形债务过多的问题，从根本上规避财政风险和国家系统性风险，推动经济转型进入良性的轨道。在当前的形势下，房地产业已经在高位徘徊，大多数人口非流入城市的房地产必将下行，以卖地的土地财政难以为继，土地财政减收给政府带来新的压力，这个阵痛会带来很多新挑战和新问题，需要我们认真研究和化解。美国经济近来温和复苏，以大数据、生物科技和页岩气等为主的高科技产业再次站到了世界经济的前沿，部分要素价格相对具有了竞争力，再工业化使得部分产业向美国国内回归，主动的结构调整为美国新兴产业的崛起赢得了先机。对于处在转型升级关键时期的中国经济来说，结构调整是大势所趋，必须痛下决心，才有可能赢来“阵痛”后的未来。

（3）前期刺激政策消化期。前期刺激政策消化期是化解多年来积累的深层次矛盾的必经阶段。从 2011 年二季度开始，经济增速逐级回落，一直延续到现在，都可以理解为进入了前期刺激政策的消化期。在这个阶段，虽然刺激政策逐步退出，但政策的累积效应和溢出效应还在发挥作用，对经济结构继续产生深远影响，也使当期宏观政策的选择受到掣肘，调控余地大为缩小。

①消除刺激政策的依赖症。前些年刺激政策频出，使我国的经济对此产生了很深依赖，从股市到房市都在等待利好消息，没有政府的财政和货币杠杆来撬动，经济很难有新的增长点。当前要摒弃刺激政策的短期行为，而是通过改革释放制度红利驱动经济发展，使得资本市场和实体经济都能解脱刺激依赖症，寻求新的发展导向。

②消除 4 万亿元投资形成的包袱和后遗症。2007 年美国次贷危机引发全球金融危机，2008 年我国为了稳中求进保增长，中央政府出台了 4 万亿元的刺激政策，地方政府匹配了 12 万亿元，用项目拉动经济增长，用刺激性投资驱动经济，形成了很严重的后遗症。现在全国重复建设很严重，大多数行业产能过剩，浪费了大量的资金和资源，增加了银行坏账，也影响了社会的稳定。我们要从投资单一刺激经济转向投资消费双轮驱动，才能有稳定的经济增长预期。

③消化粗放增长带来的环保压力。过去经济的粗放增长是以透支生态，破坏环境为代价的。前些年土地重金属面源污染，地下水污染，地上水源的污染，现在又出现了大气污染。2015 年年初，全国将近 60% 国土面积笼罩在雾霾之中，大气污染很严重，引起了全国人民的关注。环境的污染、绿色的破坏，是前些年带来的后遗症，这个成本和负担需要我们认真消化，加快大气污染的治理，加大土地面源污染的治理。现在食品安全问题已经引起了全民的关注，需要我们认真的予以消化。英国等发达国家用了 30 年的时间才治理好雾霾，我们要不惜血本投入巨资，用 10 年乃至 20 年的时间根治阴霾，注重环保至上、生态第一经济的发展

新价值取向。为此，我们要采取切实有效的措施，认真消化这些年粗放增长带来的生态和环保压力。2015 年以来，在经济下行压力较大的情况下，新一届中央领导集体坚定信心、顶住压力，没有对经济进行大规模直接干预，效果很好。这种“淡定”给了市场一个强烈的信号，即保持宏观经济政策的稳定，给市场主体以稳定的预期。同时，我们启动了一些既有利于当前稳定经济增长又有利于长期结构平衡的项目，如棚户区改造、城市基础设施、铁路建设等，大力推进环保节能、信息消费等新产业发育成长，促进内需的作用逐渐显现。

3.1.1.4　绿色发展引领未来

2009 年中国已经正式向国际宣布从 2005—2020 年二氧化碳排放强度下降 40% ~ 45%的目标。2013 年 9 月，国务院发布《大气污染防治行动计划》，到 2017 年，全国地级及以上城市可吸入颗粒物浓度比 2012 年下降 10% 以上。习总书记指出，绿色发展和可持续发展是当今世界的时代潮流，中国经济要适应“新常态”。

（1）强化新常态下绿色经济发展理念：

①要树立绿色发展的政绩观。政府是推动绿色经济发展的主导，应改变传统的政绩考核观和社会发展观，纠正单纯以经济增长速度评定政绩的倾向，加大对资源消耗、环境损害、生态效益等指标的考核，逐渐在全社会形成资源节约和环境友好型的执政观、政绩观。

②要倡导绿色发展的生产观。企业是绿色生产的主体，必须积极承担起环境责任，需要严格把好绿色生产的准入关，强化绿色生产标准，加强绿色生产管理，积极发挥高新技术在绿色产业中的引领作用，实现绿色生产、循环生产、低碳生产。

③要推行绿色发展的消费观。绿色消费有利于带动绿色产业的茁壮成长与快速发展，社会公众要增强绿色自觉，践行绿色理念，坚持绿色消费，实现生活增彩。

（2）转变新常态下绿色经济发展方式：

①要推进绿色增长，促进经济提质增效。着力改变传统的增长依赖，切实把经济运行的重心转到建立起质量效率型集约增长模式上来，以深化改革为动力，以绿色增长为路径，把好新投资方向，培植新消费热点，壮大新市场主体，推动形成具有竞争力的新增长点，努力实现均衡高效稳健增长。

②要加快绿色转型，力推结构调整升级。着力加快培育和发展清洁能源产业、再生能源产业和环保产业，推动投资转向风能、太阳能等清洁能源以及节能建筑、有机农业等领域。

③要实施创新驱动发展，激发自主创新能力。研究制订创新驱动顶层方案，形成以政府投入为引导、企业和民间资金投入为主体的多元化科技创新投融资体系，加快确立企业的创新主体地位，全面推进产学研用结合，形成“大众创业、

万众创新”的生动局面。

（3）优化新常态下绿色经济发展环境：

①要坚持有效生态保护措施。把生态环境保护放在更加突出位置，在生态环境保护上一定要算大账、长远账、整体账、综合账，不能因小失大、顾此失彼、寅吃卯粮、急功近利。

②要强化法律制度刚性约束。加快建立有效约束开发行为和促进绿色发展、循环发展、低碳发展的生态文明法律制度。

③要完善绿色产业激励政策。一方面，设高门槛，禁止高污染、高能耗、高排放的企业进入；另一方面，对具有重大影响的战略性新兴产业要重点扶持，加快做大做强。

（4）政府是绿色发展战略的规划者。近几年，在全球气候变暖、经济复苏乏力的双重压力下，国际经济发展出现了新趋势。美国、欧盟、韩国等纷纷提出绿色发展战略，实施“绿色新政”。以韩国为例，早在 2008 年 9 月，韩国政府就出台了《低碳绿色增长战略》，为韩国的未来指明了绿色发展的方向。2010 年 1 月，韩国政府制定了《低碳绿色增长基本法》，进一步用法律的形式表明了韩国建设绿色国家的坚定意愿。韩国的绿色发展之所以能走在世界前列，政府作为绿色发展战略规划者所发挥的作用至关重要。其实，在我国的“十一五”规划中就已将节能减排作为约束性指标，确定了多项节能减排、环境保护重大工程及淘汰落后产能目标，展示出绿色发展的意识。到了“十二五”规划，发展绿色经济已经成为其中的重点。“十二五”规划的最大亮点是绿色发展，它首次以“绿色发展”为主题来论述建立“两型”（资源节约型、环境友好型）社会。国家“十二五”规划成为我国第一个绿色发展规划，成为中国 21 世纪上半叶实现绿色现代化的历史起点。国际上对我国的“十二五”规划之所以评价比较高，很重要的一个原因就在于我国“十二五”规划所确定的政策、措施和目标体现了绿色低碳发展要求。但仅有这些是不够的，我国政府应当学习借鉴韩国的成功经验，确定国家绿色发展战略，规划全国绿色发展蓝图。地方各级政府则应根据各地具体实际，编制地方绿色发展规划，明确地方绿色发展目标，并在政府绩效评估中用绿色 GDP 取代传统的 GDP 指标，真正实现绿色可持续发展。

（5）政府是绿色发展的引领者。绿色发展作为一种新型发展模式，要在短期内被企业和民众普遍接受，还面临着很大的困难和挑战，因此政府要扮演绿色发展引领者的角色，成为绿色发展的火车头，积极发挥导向作用，引导各社会主体尽快走上绿色发展的轨道。政府的引领作用主要是通过一系列促进绿色发展的政策制度引导来实现的。

①设立绿色发展基金。基金主要用于支持绿色技术的研发和扶持企业的绿色转型发展。

②实施政府绿色决策。各级政府在城乡规划、产业结构调整、资源开发、基础设施建设等重大公共决策过程中，必须优先考虑生态环境容量和资源承载力，对可能产生重大环境影响的公共决策坚决实行环保一票否决。

③制定绿色财税政策。对绿色产品的开发、生产、销售提供一定的财政补贴，或实行税收上的减免，以提升绿色产品的市场竞争力，这在绿色发展的初期显得尤为重要。

④推动绿色金融发展。通过出台绿色信贷、绿色证券、绿色保险等一系列绿色金融政策，解决企业由传统模式转向绿色发展所面临的资金压力，使企业追求绿色发展，可以绿色发展，热爱绿色发展。

⑤提供绿色技术支撑。加大对绿色发展关键和共性技术的研发攻关力度，通过提供奖励、保护知识产权等方式鼓励和支持企业与科研院所对绿色技术进行自主创新，发展绿色产品，开拓绿色市场。当然，在这个过程中，政府既不能缺位，也不能越位、错位，特别要防止政府大包大揽、过度干预的行为。因为政府事必躬亲、事无巨细地直接参与市场经济活动，必然会破坏正常的竞争秩序，影响市场配置资源基础性作用的发挥，对绿色发展来说有害无益。

（6）政府是绿色发展的监管者。尽管我们强调市场在资源配置中的基础性作用，但这并不意味着政府就应当放弃其监管责任。因为市场不是万能的，它也有失败的领域和失灵的时候。由于企业以追求利润最大化为目标，因此在绿色发展中难免会出现恶性竞争、过度竞争和市场垄断等现象，导致无序化状态，严重影响正常的经济社会秩序。在这种背景下，政府的监管就显得十分必要。比如，一些国有垄断企业可能会出于自身短期利益的考虑，利用其垄断地位阻挠绿色节能技术的应用和绿色产品的普及，损害民众的福利，影响绿色经济的发展。在这种情况下，仅靠市场的力量是难有作为的，需要政府强有力的介入和干预。一些高污染、高耗能企业为了获得短期的竞争优势，对政府节能减排的政策措施可能会阳奉阴违，偷排废水废气，盲目扩大产能，必然会对那些已经步入绿色发展轨道的企业构成不正当竞争，影响和打击他们发展绿色经济的积极性。因此，在绿色发展过程中，有必要通过政府监管这只“看得见的手”来维护正常的市场竞争秩序，弥补市场失灵带来的资源浪费和环境污染等负外部性，解决市场本身不能解决的问题，为绿色发展创造一个健康有序的良好环境。

（7）政府是绿色生活方式的示范者。绿色生活方式是绿色发展的重要组成部分，如何让广大民众由传统生活方式向绿色生活方式转型，真正使绿色消费、绿色出行、绿色居住成为人们的自觉行动呢？这需要政府的积极推动和示范。绿色发展，首先从政府做起，各级政府应当成为绿色发展的第一实践者。

①政府公务用车和城市公交车要普遍采用新能源汽车，带头践行绿色交通的低碳理念；

②实施绿色采购制度，政府使用财政性资金进行采购时要优先采购节能环保产品，并逐年提高政府采购绿色产品的比例；

③新建政府大楼和其他公共建筑必须符合绿色建筑的标准，政府公务员能走楼梯的不用电梯，能步行的不开公车，尤其是党政领导干部更应该率先垂范，带头转变生活方式，拒绝奢侈浪费和使用一次性用品，推动绿色生活成为社会生活的主流。通过普遍开展绿色机关创建活动，就能带动绿色社区、绿色学校、绿色医院、绿色家庭等的创建。同时，政府要加强对民众进行资源、环境、国情方面的宣传教育，倡导绿色消费、适度消费的理念，努力营造全民广泛参与、共同推动绿色发展的良好氛围。只有把绿色发展理念贯穿到人们工作生活的全过程，渗透到每一个环节、每一个细节，让绿色发展理念深入人心，才能真正为推动绿色发展注入强大动力。

总之，绿色发展离不开政府的积极作为。尤其在绿色发展初期，在国家经济转型过程中，我们不仅面临较高的经济成本，还会面临较高的社会成本，需要政府这只“看得见的手”的第一推动力。当绿色发展逐步成为全社会的共识并步入正常的发展轨道后，政府则应有序退出，不要过多干预市场运行，充分尊重市场在资源配置中的基础性作用[27]。

3.1.2　沿江地区经济社会发展环境

3.1.2.1　长江经济带产业发展状况

2003 ～ 2014 年长江经济带产业发展体现出三大特征：

(1) 经济增速快。长江经济带共计 9 省 2 市的国内生产总值由 2003 年的 56 478.2 亿元增长到 2014 年的 28.5 万亿元，以名义价格计算，增长了 504%，表明长江经济带经济发展势头良好，第二产业和第三产业增长较快，第三产业增速已经超过第二产业。产业结构较为合理。2014 年长江经济带第一产业、第二产业、第三产业占国内生产总值的比重分别为 8.4%、46.9% 和 44.8%，第二产业和第三产业所占比重较大，表明长江经济带经济增长主要依靠第二产业和第三产业的拉动，产业结构呈“二三一”格局，第二产业仍是主导产业，而第三产业已经在经济体系中占据重要位置。三次产业结构变化。2003 ～ 2014 年，第一产业比重由 12.69% 下降到 8.4%，下降趋势明显；第二产业比重由 48.0% 下降到 46.9%，在

2011 年曾达到最高的 49.9%，总体上呈波动下降趋势；第三产业由 39.3% 上升到 44.8%，上升过程也经历波动，表明长江经济带第一产业比重持续降低，而第二产业、第三产业比重不断提高。总体上看，2003 ～ 2014 年长江经济带产业结构不断优化，第二产业、第三产业产值增速和比重均超过第一产业，“二三一”产业格局明显，第二产业、第三产业比重交替上升，表明长江经济带已经基本实现了工业化，正在进入以服务业为主导的“后工业化”阶段。

（2）从经济增长总量上看，长三角地区经济增长主要依靠良好的经济基础以及合理的产业结构，而长江中上游地区虽然产业结构和产业基础较差，但经济增长势头迅猛。从总的增长优势上看，虽然在经济增长总量上长江中上游地区与长三角地区还存在一定差距，但是增长优势明显，发展潜力巨大。

（3）从相对增长率上看，长三角地区尽管产业结构效应较强，但产业增长速度较慢（8% 的增长率）；而长江中上游地区虽然产业结构效应较弱，但产业增长速度较快（9.4% 的增长率）。除上海、浙江、四川、云南外，其他省市经济增长速度均高于 9 省 2 市的平均水平，尤其是重庆、贵州和江西，相对增长率分别达到 1.24，1.23 和 1.10。

长江经济带经济社会发展情况见表 3–1。

长江经济带 9 省 2 市经济社会发展情况　　表 3–1

省（市）＼数据	GDP（亿元）	同比增长（%）	三次产业结构	固定资产投资（亿元）	社会消费品零售总额	外贸进出口（亿美元）	其中：出口
云南省	12 814.6	8.10%	15.5 ∶ 41.2 ∶ 43.3	11 073.9	4 632.9	296.2	188
贵州省	9 251	10.80%	13.8 ∶ 41.6 ∶ 44.6	8 778.4	2 579.5	108.1	94
四川省	28 536.7	8.50%	12.4 ∶ 50.9 ∶ 36.7	23 577.5	11 665.8	702.5	448.5
重庆市	14 265.4	10.90%	7.4 ∶ 45.8 ∶ 46.8	13 223.8	1 229.9	954.5	634.1
湖北省	27 367	9.70%	11.6 ∶ 46.9 ∶ 41.5	24 303.1	11 806.3	430.6	266.5
湖南省	27 048.5	9.50%	11.6 ∶ 46.2 ∶ 42.2	21 950.8	10 081.9	310.4	200.3
江西省	15 708.6	9.70%	10.7 ∶ 53.4 ∶ 35.9	15 110.0	5 129.2	427.8	320.4
安徽省	20 848.8	9.20%	11.5 ∶ 53.7 ∶ 34.8	21 256.3	7 320.8	492.7	314.9
江苏省	65 088.3	8.70%	5.6 ∶ 47.7 ∶ 46.7	41 552.8	23 209	5 637.6	3 418.7
浙江省	40 153.5	7.60%	4.4 ∶ 47.7 ∶ 47.9	23 555	16 905	3 551.5	2 733.5
上海市	23 560.9	7.00%	0.5 ∶ 34.7 ∶ 64.8	6 016.4	8 718.7	8 634.6	5 232.1
合计	284 643.4	8.80%	8.3 ∶ 46.9 ∶ 44.8	210 397.9	103 278.9	21 546.6	13 851

数据来源：各省市 2014 年国民经济和社会发展统计公报。

3.1.2.2 长江经济带各省（市）产业发展状况比较

近年来，长江经济带各省（市）各自发展起来了一批支柱产业，形成了鲜明的产业布局和发展特点。当前，打造长江经济带，通过轴向扩散带动周边经济崛起，对优化我国产业开发格局、推动全国经济东西联动和振兴有重大意义。沿江开发是长江经济带区域内各省（市）的共识，在经济产业布局上保持协调联动也是各地的强烈愿望。

同时，长江流域所贯穿的东中西部区域发展不平衡。长江下游地区的“长三角”地区地处沿海，经济比较发达，已成为我国经济的重要支撑点；但长江中上游地区发展明显滞后。这种区域差距反映在产业规划与布局方面，主要表现在经济发展水平较高的长江下游地区而对着资源环境承载力下降的压力，依据梯度转移理论，应通过产业和要素转移、结构升级的途径以保持经济的持续发展；而欠发达的长江中上游地区则要利用资源享赋上水资源充足、气候宜人、水运成本低等优势，创造条件承接产业转移，借此丰富和完善自身的产业结构。这种“腾笼换鸟”式的产业转移与承接，可充分发挥长江这条黄金航道的优势，促进全流域产业结构的重组与优化。

（1）上海市 2014 年 6 月 14 日发布了《上海产业结构调整负面清单及能效指南》（2014 年版），力图推进产业转型调整、拓展产业升级新空间，同时发布的《上海工业及生产性服务业指导目录和布局指南》是国内产业结构调整领域首次按照负面清单理念制定的指导目录，明确了上海市“培育类”“鼓励类”“限制类”“淘汰类”的产业内容以及产业布局指南。

①“培育类”：根据国内外和该市产业发展的最新趋势，列出当前重点培育和引进的“四新”（新材料、新设备、新工艺、新技术）经济的主要方向，旨在促进“四新”经济成为上海市新一轮产业发展的重要力量，包括网络视听、智能交通、互联网金融、大数据等 16 类；

②“鼓励类”：突出战略性新兴产业、先进制造业、生产性服务业等重点发展行业，包括新一代电子信息、高端装备制造、节能与新能源汽车、民用航空等 12 类；

③“限制类”：依据上海市土地集约、人口调控和管理、劳动生产率、单位产出用工、生态环境、产城融合等指标条件，列出需要限制企业投资的部分行业生产工艺、装备和产品，包括电子信息、轻工、纺织等 11 类；

④“淘汰类”：按照国家和上海市的最严格标准、现行淘汰目录和行业准入条件，列出需要淘汰的高耗能、高污染、高危险和低附加值行业的生产工艺、装备和产品，包括电力、化工、钢铁、有色金属、建材、医药等 12 类。

（2）长江航运量的 75% 集中在江苏段，而面对产业经济布局的调整机遇，江苏省决定从调整运输经济布局开始，发挥良好的港口区位优势开展中转业务。据了解，“十二五”末，长江太仓至南京段以下 12.5m 深水航道将建设完成，届时，5 万吨级海轮可直达南京，服务长江中上游广阔的经济腹地将为南京港拓展新空间，还可以发展大宗进出口商品仓储、交易平台等新业态。

（3）重庆市自 2011 年国家发展和改革委员会批复建设沿江承接产业转移示范区以来，一直积极承接东部沿海地区产业转移并取得明显成效：近年来，凭借劳动力等要素成本低的优势，沿海劳动密集型产业向重庆进行了“存量型”转移，同时，凭借近年来形成的汽车产业集群和笔电产业集群，一大批汽车和电子零部件商跟进转移产能。综合来看，2011 ～ 2013 年，重庆市引进东部沿海资金 11 623 亿元，实施总投资 1 000 万元以上项目 19 743 个，平均每天“落户”18 个。凭借“渝新欧”国际物流大通道和广阔的西部市场，加之近期成功打通的沪汉蓉大通道，位于长江经济带、丝绸之路经济带和 21 世纪海上丝绸之路交汇点的重庆必将再次迎来承接产业转移的新机遇。目前，沿海加工贸易型企业也已开始向重庆转移。

（4）在上游地区，贵州省明确提出建设目标：把贵州省建成长江经济带的能源、资源深加工基地和产业转移重要承接区。贵州省出台了一系列措施。

①加快推进工业结构调整升级。按照传统产业生态化、特色产业规模化、新兴产业高端化的思路，着力推进“四个一体化”，加快“五大产业”发展，做强“五张名片”，大力培育发展战略性新兴产业，以千亿级园区、百亿级园区为核心，着力引导生产要素向产业基地和产业园区聚集，强化集成配套。

②积极发展以大数据为重点的电子信息产业。大力推进电信网、互联网、广播电视网“三网融合”，推进物联网、云计算和大数据的研发运用，促进信息化与工业化、城镇化深度融合，尽快形成以贵阳和贵安新区为核心的大数据及关联产业聚集区。

③加快发展以文化旅游为重点的现代服务业。加快建设“十大文化产业园区”和“十大产业基地”，把贵州省打造为全国最佳避暑度假基地、休闲养生基地、原生态民族文化体验基地。加快建设一批综合性和专业性的物流园区和物流基地，把贵州省打造成为长江上游重要的商贸物流中心。

④大力发展以山地经济为特征的现代高效农业。大力发展生态畜牧业，壮大蔬菜、茶叶、中药材等特色农产品基地规模，扶持龙头企业，培育知名品牌，加快构建现代农业经营体系，把贵州省打造成为长江经济带绿色优质农产品供应基地。

⑤积极参与区域产业分工与协作。着力打造承接发达地区产业转移的平台和载体，积极推动区域产业合作的体制机制，促进资源要素合理有序流动，实现资

源配置效率最大化。

3.1.2.3 长江经济带各省（市）间的区域联动与协调合作动态

作为我国最大的跨区域国家战略，要实现所规划的长江经济带全局发展目标并非易事，绝不是一省一市即可完成，需要这一战略框架下的各省（市）在各方面加强区域联动和协调合作，共同推进。相关合作机制其实已有先例。早在2005年，长江沿线7省2市（湖北省、湖南省、四川省、云南省、江苏省、安徽省、江西省、重庆市、上海市）在原交通部牵头下签订了《长江经济带合作协议》。这一合作协议“确定了以‘龙头’上海与‘龙尾’重庆合力担当起构筑长江经济带首尾呼应、联动发展的战略格局”。但是，受行政区划、地方保护等因素的影响，长江经济带各省（市）内部经济发展的不平衡和产业趋同化现象表明，要真正走向“一体化”任重而道远。2013年9月23日，国家发展和改革委员会、交通运输部启动《依托长江建设中国经济新支撑带指导意见》起草工作时，将协调机制作为再造长江经济带的一个重要方面提出。2014年4月28日，国务院总理李克强在重庆主持召开座谈会时也强调，“要建立健全区域间互动合作机制，完善长江流域大通关体制，更好发挥市场对要素优化配置的决定性作用”。为此，在加紧谋划自身融入长江经济带全局发展规划的同时，11个省（市）同时注重加强区域间的联动、协调与合作。这些联动及合作主要体现在：

（1）长江经济带11省（市）信息共享、机会共享、资源共享。建立有效的区域协同发展机制。处理好区域间的协作与竞争关系，充分挖掘自身的优势，在加强与周边省（市）合作中拓展自身的发展平台，寻找共赢的战略空间，实现资源互补、利益共享、共同发展。从先实现市场经济体制下的“五流”合作，即人流、物流、资金流、信息流、技术流的合作，再逐步走向制度层而的全方位合作。

（2）拟定合作协议。如长江中游城市集群已建立每年一次的市长联席会议制度，先后发布了包括《长沙宣言》《武汉共识》等在内的一系列合作框架协议，内容涉及交通基础设施建设、开放市场体系建设、产业联动发展、公共服务对接、生态联手治理和保护等方面，达成了宣传、经信、教育、科技、规划、环保、交通运输、商务、文化、卫生、旅游11个子合作协议，促进长江中下游4个城市集群经济、科技、文化、教育等各方面的大融合。

（3）定期召开加强区域合作和沿江城市协同发展座谈会。如，上海、重庆、武汉、合肥、南京5座城市共同召开了座谈会，探讨通关、水铁联运、产业转移等领域合作事宜；湖北、湖南、江西、安徽等省联合召开推进长江中游黄金水道建设座谈会，研究推动四省港航企业加强合作和交流，推进联盟化、网络化发展等工作。

（4）实现长江经济带的一体化。各省（市）通过交通一体化、产业的分工协作、生态环境的一体化实现长江经济带的一体化。此外，长江一体化还包括旅游、人才等方面。通过建设铁路、高速路，使之成为沟通东中西的一条大动脉，特别是东中西联系的快捷的大动脉，促进长江经济带的协同、一体化发展。如 2014 年 5 月 14 日，交通运输部党组召开会议提出，要加强与有关部委及长江经济带 11 省（市）的沟通协调，统筹长江水运与其他运输方式和与沿江产业等的协调发展。再如，湖北省提出要加强与上海国际航运中心、重庆长江上游航运中心、宜宾长江源头航运中心的合作，对接中巴、中印缅经济走廊和“渝新欧”国际大通道；贵州省则提出要努力抓住用好渝新欧铁路、长江经济带、21 世纪海上丝绸之路经济带带来的发展机遇等。

长江经济带涉及省（市）协调合作机制已经逐步呈现，不仅表现在打破行政区划的壁垒，还表现在产业合作、交通运输方式合作、协商机制构建合作等各方面[28]。

3.1.2.4 “长江经济带”发展状况

（1）“建设长江经济带”是推动我国区域协调发展、促进小康社会全面建成、保障我国经济持续健康发展、实现“中国梦”的重大战略抉择。尽管长江是我国第一大内河，但长江经济带成为国家发展战略，历经了一个长期的思想酝酿过程。孙中山先生在《实业计划》一书中最早从振兴中国实业的战略高度，系统阐述了长江流域经济开发问题。新中国成立后，中央政府高度重视长江流域的水利建设、防洪防灾、交通运输事业发展。但直到改革开放后，国家智库机构学者才提出长江经济带战略构想。重要代表人物有国务院发展研究中心原主任马洪在 20 世纪 80 年代初提出的我国“一线（沿海一线）一轴（长江）”战略构想；随后，中国生产力经济学会提出“长江产业密集带”战略构想；其次是中国科学院经济地理学家陆大道在 20 世纪 80 年代中后期提出的我国“T”型开发战略构想（即由沿海轴线、沿长江轴线构成国土开发格局），这一主张曾被《全国国土总体规划纲要（草案）》(1987)、《全国国土总体规划纲要》(1990）采纳。长江经济带首次正式纳入国家发展战略实践始于 20 世纪 90 年代。随着浦东开发、三峡工程建设等重大决策的相继实施，国家提出发展“长江三角洲及长江沿江地区经济”战略构想。标志性事件主要有：1992 年 6 月，国务院召开长江三角洲及长江沿江地区经济发展规划座谈会，江泽民总书记作《加快长江三角洲和沿江地区的经济发展》重要讲话。1992 年 10 月，党的十四大报告提出，“以上海浦东开发为龙头，进一步开放长江沿岸城市，尽快把上海建成国际经济、金融、贸易中心城市之一，带动长江三角洲和整个长江流域地区经济的新飞跃”。1995 年，党的十四届五中全会再次明确提出，“建设以上海为龙头的长江三角洲及沿江地区经济带”。1996 年颁布的《中华人民共和国国民经济和社会发展“九五”计划和 2010 年远景目标纲要》强调，长江三角洲及沿江地区要“以浦东开放开发、三峡建设为契机，依托沿江大中城市，逐步形成一条贯穿东西、连接南北的综合经济带”。上述“长江三角洲和沿江地区”概念的地域范围指江苏、浙江、安徽、江西、湖北、湖南、四川和上海七省一市。

（2）长江经济带第一次上升为国家发展战略的侧重点是从流域经济发展的战略高度，强调以浦东开放开发、三峡建设为契机，发挥上海的辐射带动作用，依托沿江中心城市建设长江经济带。由于国家率先启动了沿海开放战略，实质上并未全国动员式地启动长江流域的整体开发。长江经济带再次纳入国家发展战略的契机是《全国主体功能区规划》。“十一五”时期启动编制的《全国主体功能区规划——构建高效、协调、可持续的国土空间开发格局》于 2010 年 12 月 21 日由国务院颁布实施，提出到 2020 年全国主体功能区布局基本形成时，经济布局更趋集中均衡，“使经济增长的空间由东向西、由南向北，人口和经济在国土空间的分布更趋集中均衡”。该规划从国家“顶层设计”层面强调了长江流域地区在国土空间开发格局中的重要地位。主要体现在：沿长江通道是“两横（陆桥通道、沿长江通道）三纵（沿海、京哈京广、包昆通道）”为主体的城市化战略格局中的重要发展轴；长江流域农业主产区是“七区二十三带”为主体的农业战略格局中的重要农业主产区；青藏高原生态屏障、黄土高原—川滇生态屏障是“两屏三带”为主体的生态安全战略格局中的重要生态屏障；长江三角洲地区是国家层面的三大优化开发区域之一，江淮地区、长江中游地区（含武汉城市圈、环长株潭城市群、鄱阳湖生态经济区）、成渝地区、黔中地区、滇中地区名列国家层面的十八个重点开发区域之中。

自 2012 年党的十八大后，长江经济带正式定位为国家重点发展战略区域。2012 年 12 月，李克强总理视察江西九江，强调重视长江地区发展。2013 年 3 月，李克强总理视察上海，勉励上海港发挥长江黄金水道的龙头作用，辐射带动沿江港口和中上游腹地发展。2013 年 7 月，习近平总书记视察湖北时指出，“长江流域要加强合作，发挥内河航运作用，努力把全流域打造成黄金水道”。2013 年 9 月 21 日，李克强总理在国务发改委呈报件上批示：“……依托长江这条横贯东西的黄金水道，带动中上游腹地发展，促进中西部地区有序承接沿海产业转移，打造中国经济新的支撑带”。2013 年 9 月 23 日，国家发改委会同交通运输部在北京召开《依托长江建设中国经济新支撑带指导意见》研究起草工作动员会议，同年 12 月，将长江经济带的地域范围扩展为云南、贵州、四川、重庆、湖北、湖南、安徽、江西、江苏、浙江、上海九省二市。2014 年 3 月 5 日，国务院总理李克强在《政府工作报告》中提出，“把培育新的区域经济带作为推动发展的战略支撑”，“依托黄金水道，建设长江经济带”。2014 年 4 月 25 日，中共中央政治局会议提出“推动京津冀协同发展和长江经济带发展”。2014 年 4 月 28

日，李克强总理在重庆召开长江经济带 11 省市座谈会，研究依托黄金水道建设长江经济带问题。长江经济带第二次上升为国家发展战略的侧重点是从打造中国经济升级版的战略高度，“谋划区域发展新棋局”，强调“由东向西、由沿海向内地，沿大江大河和陆路交通干线”，推进中国东部沿海地区、内陆地区梯度发展。

长江经济带上升为国家战略后，建设长江经济带的实践将重塑我国经济发展战略格局。主要表现为：

①长江经济带将成为打造我国经济升级版、支撑我国经济转型发展的重要新支撑带；

②将成为推动我国东中西三大地带协调发展、推进全面小康社会建设的重要经济带；

③将成为推动我国新型城镇化发展的重要支撑带；

④将成为完善我国区域开放格局的重要支撑带；

⑤将成为完善我国综合交通运输体系的重要支撑带。

（3）建设长江经济带是一项系统工作，涉及综合交通体系建设、产业转型、新型城镇化、对外开放、生态文明建设、区域协调发展机制创新等重大使命。建设长江经济带的战略重点包括：

①建设长江综合立体交通走廊。积极发挥长江黄金水道这一交通大动脉的辐射和带动作用，促进中西部地区广阔腹地发展。建设重点是加强航道疏浚治理，增强长江运能，促进上海、武汉、重庆三大航运中心健康发展；以沿江重要港口为节点和枢纽，统筹推进水运、铁路、公路、航空、油气管网集疏运体系建设；依托交通设施，布局建设一批临港经济区、临空经济区和飞地产业园，促进产业集聚发展。

②建设长江产业集聚走廊。实施主体功能区制度，严格按照主体功能区定位推动沿江地区转型发展。建设重点：加快生态文明制度建设，基于资源环境承载力，加快沿江产业转型升级，优化产业布局；推进长三角地区、长江中游城市群和成渝经济区三大“板块”的产业联动发展，促进产业有序转移衔接、优化升级；依托沿江国家级开发区、省级开发区，促进先进制造业、战略性新兴产业、现代服务业集聚发展。

③建设长江新型城镇集聚走廊、生态城市带。依托长三角城市群、长江中游城市群、成渝城市群三大城市群建设，推进长江经济带城镇发展，提升城镇生态质量。

④构建长江沿海—沿江—沿边全方位开放新格局。实施东西双向开放战略，将长江经济带建设成横贯东中西、连接南北方的对外经济走廊，促进东部沿海地区深度开放，促进长江上中下游联动开放发展、沿海—沿江—沿边协同开放发展，促进中国和巴基斯坦、印度、缅甸等周边国家合作发展，促进长江经济带—丝绸

之路经济带联动发展。

⑤建设长江生态走廊。将长江生态安全置于突出位置，处理好发展和保护二者关系，避免产业转移带来污染转移；加强生态系统修复和综合治理，做好重点区域水土流失治理和保护；在全流域建立严格的水资源和水生态环境保护制度，控制污染排放总量，促进水质稳步改善，确保一江清水绵延后世、永续利用。

⑥构建长江经济带协同发展体制机制。在制度安排上，成立国家层面的长江经济带协调发展委员会，统筹长江经济带建设；深化改革开放，打破行政区划壁垒，建设统一开放和竞争有序全流域现代市场体系；建立健全区域间互动合作机制，完善长江流域大通关体制，更好发挥市场对要素优化配置的决定性作用。

1980 年至今“长江经济带”在国家经济发展战略中的地位，如图 3–1 所示。

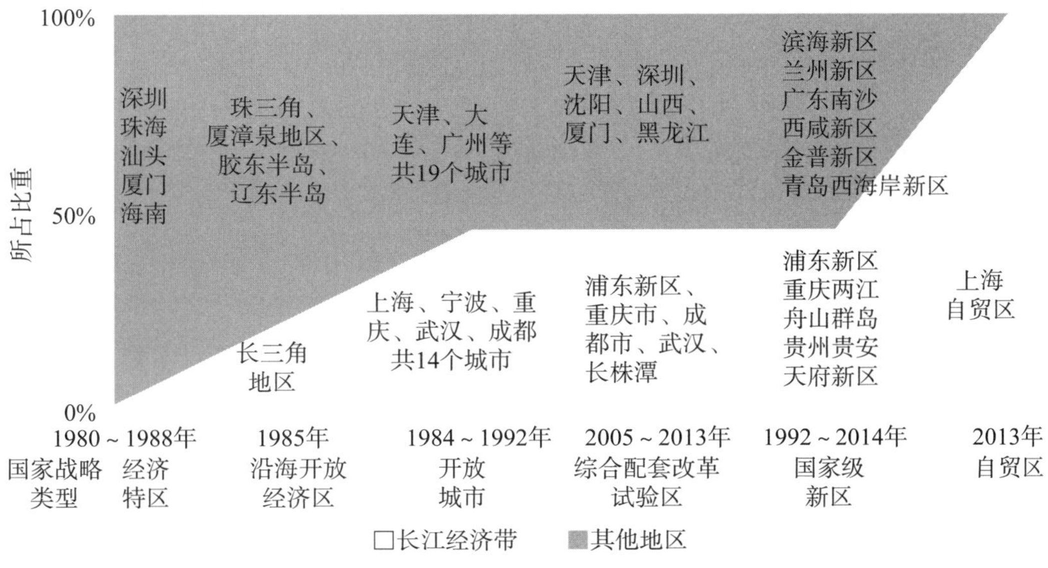

图 3–1　1980 年至今“长江经济带”在国家经济发展战略中的地位

（4）以长江经济带建设为契机构筑世界最大超级城市群。长江经济带连绵 3 000 多千米，沿线分布着长三角城市群、长江中游城市群和成渝城市群等三个一级城市群和黔中和滇中两大区域性城市群，包括 2 个直辖市、9 个省会城市以及一大批人口众多、经济实力雄厚的大中型城市如苏州、宁波、无锡、芜湖、九江、宜昌、襄阳等。从当前的发展状况分析，随着沪宁、沪杭、宁杭高铁三条高铁通车，以上海、南京、杭州为中心城市的“长三角”地区高铁网络基本形成“1h 经济圈”。加之区域之内的高速公路、航运等交通线路密度大、通过能力强，城市群内部各城市间人流、物流、信息流、资金流往来密切，经济分工合作比较明显，城市群已经进入到一个比较成熟阶段，被广泛认为是“世界第六大城市群”。以武汉城市圈、长株潭城市群、环鄱阳湖城市群为核心的长江中游城市群，发展水平接近，风俗习惯类似，文化背景差异较小，拥有宽阔的合作机遇和发展前景；但目前的城市之间尤其是位置相邻的一些经济欠发达的县市互联互通还没有完全实现，产业分工不足、竞争有余，城市特色还不是非常清晰，合作意愿有待进一步加强。随着沪昆高铁南昌—长沙段建成通车，武汉、长沙和南昌 3 个中心城市“2h 经济圈”基本形成。成渝城市群近年来发展很快，城市群内交通线路的等级、数量显著提升，但总体水平有待进一步加强。

目前，3 大城市群之间的发展水平差异比较明显，交通联系比较密切，包括投资、贸易、产业的经济联系与互动日益频繁，但与建设世界最大的超级城市群的目标相比，差距还很大，需要从产业分工、城市功能、交通线路、人口流动等众多方面进行全方位的改革和发展才能形成。

（5）建设长江经济带要干支结合，实现流域的协调发展，提升其整体实力。区域发展不均衡、内部差异大是长江经济带的重要特征，一业独大、一城独大的现象非常普遍。从整个长江经济带范围看，上海市的国际大都市地位突出，2013 年人均 GDP 达到 74 515.8 元，而最低的贵州省仅为 22 862.0 元，只有上海的 30%。同年，长江经济带 11 省市中，实力最强的江苏省 GDP 达到 59 161.8 亿元，而贵州省为 8 006.8 亿元，两者相差近 7 倍。从一个省市内部看，省会城市和部分发达城市，现代化程度高，而广大乡镇则依然以农业生产为主，二、三产业水平很低，集中连片贫困地区还有数千万贫困人口。建设长江经济带的主要目的之一，就是加快整个流域尤其是中上游的发展，逐步缩小流域差距。为此，国家要在基础设施建设、公共服务均等化、集中连片扶贫、生态环境治理与保护等方面等方面向中上游欠发达地区倾斜。

目前，长江经济带 11 省市中，干流沿线经济发展水平普遍较高，交通运输条件也较好，而一些支流尤其是远离干流的山区、库区则要差很多。实现长江经济带的协调发展，就是要树立“流域一盘棋”的思想，更加重视支流及广大腹地的基础设施建设和产业发展，如疏浚淤塞河道、提高航道等级，建成多个区域性航道网，让节能、节地的水运通达流域的广大地区，从而充分发挥全流域黄金水道的作用。此外，受南水北调中线工程的影响，丹江口库区及上游地区淹没损失严重，移民搬迁安居致富的任务繁重，未来发展受到严格限制；汉江中下游则由于水量减少 1/4 以上，环境容量降低约 26%，未来产业发展与布局、城镇建设、人民生活等各个方面都受到诸多制约。对这个为全国经济社会可持续发展做出了巨大贡献的区域，建议国家在建设长江支撑带过程中，作为开发的重点和试点。支持汉江核心城市打造包括铁、水、公、空、管在内的全国性综合交通运输枢纽，支持其产业转型升级，推动其新型工业化步伐，支持其生态环境保护、低碳城市建设等。

3.1.3 交通运输发展趋势

3.1.3.1 速度提高

经济社会对物流时效性的要求不断提高。提高运行速度是交通运输发展过程中的永恒话题。任何一种运载工具都在特定的介质中运行，各种运输方式提速的方法有共同的特点。

(1) 必须加大牵引力来获得足够大的驱动和制动功率，才能克服周围介质的阻力，跑得快、停得住。

(2) 必须有动力特性优良的运载工具，自重轻、阻力小、运行平稳、确保安全。速度的提高使得各种运输方式的比较优势关系发生变化。高铁虽然在日本率先得以应用，但是只有在我国才获得了如此快速的发展。我国高铁通车里程占据全世界高铁通车里程的一半份额，这大大提升了我国各城市之间的交通联系，形成了一定程度上与航空争夺客源的格局。未来随着高铁向货运拓展，必定会对航空和水运产生影响。各种运输方式速度提高以及相应的成本发生变化，必将对五种运输方式的相对优势产生影响，进而影响各种运输方式在经济社会发展中的比重。

3.1.3.2 智能化

智能运输系统（ITS）是通过对关键基础理论模型的研究，将先进的信息技术、通信技术、电子控制技术和系统集成技术等有效地应用于交通运输系统，从而建立起大范围内发挥作用的实时、准确、高效的交通运输管理系统。交通运输现代化的必由之路是信息化,信息化的高级阶段就是智能化。智能交通系统是当前发展的重点方向。

20 世纪 80 年代以来，世界一些发达国家纷纷投入智能交通系统（ITS）的研究与开发。进入 20 世纪 90 年代后，汽车电子技术开始向智能化、微型化、集控化方向发展，智能化集中传感器和智能化执行机构也付诸使用，如高速公路和城市道路的智能控制系统、城市交通流诱导系统、车辆定位及通信系统、车辆安全系统、收费管理系统等都亟待开发和推广。铁路在开发列车自动驾驶系统、调度管理信息系统、运输信息管理系统等基础上，有待统一集成，发展现代智能铁路系统。水路运输智能化包括船舶智能化、岸上支持系统智能化和水上运输系统智能化。航空运输系统智能化，即新航空系统，包括通信导航及监视和空中交通自动化管理。

预计到 2020 年，计算机技术、远程购物存储、计算机科研等将代替目前的实物运输，而且运输方式也将增多和改进。未来的车辆将会自重更轻、成本更低、排放系统更先进。总之,技术进步对未来交通运输系统的改进将起着决定性的作用。交通运输智能化内涵十分丰富，信息技术应用有着广阔的空间。

与智能交通系统相关联的理念是移动互联网与交通运输的对接。移动互联网在改变人们的思维模式、生活方式的同时，也深刻改变了运输产业的发展形态。在移动互联网的影响下，运输服务水平不断提升，在客运方面推动了服务个性化。在移动互联网技术的推动下，新的服务模式相继出现，个性化、多样化需求不断得到满足。该项技术促进了各种运输方式衔接，公众在出行前就能及时掌握出行信息，减少换乘中转时间，使各种运输方式衔接更为紧密。依托移动互联网技术，车辆信息可实时查询，乘客也能实时监督，改进了运营管理。货运与物流方面，基于移动互联网的货运网络，实现了货运供需信息的对接，推动了物流商业模式的创新。如货运企业改变原有线下推广模式，采取线上线下相结合的推广模式；基于移动互联网平台整合全国物流园区的货运节点，再造车辆与货源优化整合的新模式；基于移动信息平台整合中小散户车辆资源，使轻资产的平台型企业获得巨大发展空间。在移动互联网的影响下，企业经营组织方式得以优化。在移动互联网技术支撑下，产业资源得以整合，形成集约化产业格局。企业组织结构进一步细分，小型企业、轻资产企业获得更多发展机会。例如，2014 年 8 月北京成立了一家速派得物流，在没有一辆城市货车、没有一个驾驶员的情况下，做到用户拨打电话或者登录网站即可按需发货，最终由速派得同城快运服务平台为用户完成“最后 1km”货物运输，能够让用户享受到 1h 内响应的标准化、专业化运输服务。没有移动互联网，这种模式是不可想象的。移动互联网也使得企业和货主间信息对接更直接，呈现“去中间化”特征，对市场各类代理和“黄牛”造成冲击。同时，移动互联网将道路运输“多小散乱”整合起来，为社会提供标准化、组织化服务，为行业转型升级找到了出路。

移动互联网也深刻改变了运输行业的管理方式。在管理理念上，呈现出“三个凡是”的特征：

①凡是基于信息不对称的行业都将被互联网打击；

②凡是基于信息不对称的环节都将被互联网颠覆；

③凡是基于信息不对称的既得利益都将被互联网清剿。

在管理方式上，移动互联网打破了原来清晰的产业边界，使行业发展呈现出跨界交叉融合的趋势。如专车服务形式的出现，打破了出租汽车和汽车租赁的界限；重点营运车辆联网联控系统的出现，改变了车辆粗放运营的局面。所有这些，迫切要求我们转变管理方式，从零散型管理向集约型管理转变，从粗放化管理向精细化管理转变。

在管理手段上，利用移动互联网、大数据、车联网技术，可实现人、车、物实时联通，对实施城市交通精细化管理具有重要作用；客货运输监管向实时监管、视频监管、远程监管、平台监管发展。

在管理效果上，移动互联网能够使用户参与对运输服务的满意度评价，这对行业监管模式和效能的影响是革命性的。

移动互联网也为政府监管带来新的挑战。政府既要对底层平台进行监管，又要对开放应用平台进行监管；既要对服务水平进行监管，又要对信用体系进行监管。新兴服务业态的“灰色”地带亟待规范，其规范的措施、监管的方式也需要行业更高的智慧和更包容的心态。移动互联网将促进管理方式向集约型、精细化管理转变；利用移动互联网、大数据、车联网技术，实施城市交通精细化管理；搭建平台，引入消费者监督评价；带来新的监管对象和内容，更考验管理者的智慧。

3.1.3.3 环保化

交通运输在环境持续性危机中有着很大的影响。例如汽车尾气对大气的污染，油船的泄漏和垃圾排放对水的污染，公路铁路施工中的不合理取土和填方，飞机、汽车、火车等噪声污染，电气化铁路和通信线路的电磁干扰等，都说明建设生态洁净型的现代交通运输系统是非常重要的。汽车运输环保化是国际上最受关注的问题。许多国家已制定限制汽车燃油蒸发污染的法规。油箱必须密闭，防止蒸发；燃油系统必须装有带木炭吸附剂的容器；加油时的燃油蒸气则由加油站特殊加注器来回收，这样汽油中蒸发的气态丁烷可以得到有效控制。

目前，比较现实的措施有两项：

（1）采用洁净化燃料，如煤化汽油、甲醇、天然气、液态氢等不含硫的新型燃料；

（2）采用混合驱动，减小发动机，增加电机驱动，实现怠速关机和回收部分调动能量。

电子技术不再是作为机械结构的替代或增补，而是强调总体设计的机电一体化，强调汽车的自动化、智能化、网络化和信息化。现在已有部分型号的混合驱动汽车投放市场。从共性出发，把握个性，是使交通运输业不断发展，达到现代化交通的必由之路。同时，我国正在探索船舶排放控制区的相关议题[29]。

3.2 长江黄金水道发展的水运环境分析

我国经济发展进入新常态后，长江航运在国民经济和社会发展全局中的地位更加重要，特别是面临国家全面推进长江经济带发展的核心战略，更加需要长江航运率先发展、率先突破。深入贯彻落实中央的重大战略部署，认识新常态、适应新常态、引领新常态是当前和今后一个时期我国经济发展的大逻辑，也是长江航运判断发展大势、实施战略布局、转变发展方式的基本前提。我们要抢抓新机遇，研究新思路，增强新动力，体现新作为，做出新贡献，努力为长江经济带发展提供坚强保障。

3.2.1　政策环境

3.2.1.1　国务院关于加快长江等内河水运发展的意见

2011 年《国务院关于加快长江等内河水运发展的意见》(以下简称《意见》)发布，对我国未来内河水运发展起到了决定性的推动和指导作用。《意见》明确指出，力争用 10 年左右的时间即在 2020 年左右建成“两个现代化体系”❶和实现“两个显著、一个充分”❷的目标。该时间节点与我国实现全面小康社会的时间节点相吻合，与国家“三步走”战略提出的“21 世纪中叶基本实现现代化”有 30 年时间差。

国家“十二五”规划将加快内河水运发展列为国家战略，除了有利于构建现代综合运输体系和促进节能减排，很重要的是着眼于促进沿江沿河地区产业布局调整优化和区域经济协调发展。这说明两点：

(1) 中央十分重视发挥内河水运对于沿江沿河地区产业布局调整优化和区域经济协调发展的基础性和先导性作用。

(2) 内河水运“两个现代化体系”的建设必须先行，并为沿江沿河地区产业布局调整优化和区域经济社会协调发展提供支撑。

内河水运作为国家重点鼓励发展的产业，国家和地方各级政府长期以来都把内河水运发展纳入国民经济发展规划中。《国民经济和社会发展第十一个五年规划纲要》明确要求“积极发展水路运输，提高内河通航条件，建设长江黄金水道和长江三角洲高等级航道网，推进江海联运”。“十一五”以来，大力发展长江航运、加快长江黄金水道建设作为加快建设资源节约型和环境友好型社会的最佳选择之一，已经逐步成为国家、沿江省市和社会各界的广泛共识。当前，加快长江等内河航运发展已经上升到国家战略的高度。交通运输部与长江沿江 9 省市共同建立了加快长江水运发展协调机制，积极组织《“十一五”期长江黄金水道建设总体推进方案》的实施。沿江各级政府更加重视长江水运发展，部分省市提出了“港航强省（市)”发展战略，湖北、江苏、安徽等省出台了加快水运发展的指导意见。2010 年 8 月 25 日，国务院常务会议专题研究部署推进长江等内河水运发展工作，提出要用 10 年时间建成畅通、高效、平安、绿色的内河水运体系，中央和地方政府将投入 1 600 亿元人民币，加快内河航道、港口和船型标准化建设，把内河水运提升到了国家战略的高度。

3.2.1.2　全国内河船型标准化发展纲要

在船舶标准化方面，早在 2006 年，原交通部就出台了《全国内河船型标准

❶ 建成畅通、高效、平安、绿色的现代化内河水运体系和比较完备的现代化内河水运安全监管救助体系。

❷ 运输效率和节能减排能力显著提高，水运优势与潜力得到充分发挥，对经济发展的带动和促进作用显著增强。

化发展纲要》，确定到 2010 年，川江及三峡库区、京杭运河、长江、珠江三角洲及其干流基本上实现船型标准化、系列化，平均吨位较 2006 年增加 1 倍，船舶安全技术性能进一步提高；到 2020 年，内河船舶实现标准化和系列化，平均吨位较 2006 年增加 2 倍，船舶安全技术性能接近或达到国际先进水平。到目前，船型标准化工作取得了显著成绩。“十二五”期间，交通运输部持续推进运力结构调整，鼓励发展标准化、专业化运输工具，推进内河船舶标准化，不断提升运输装备技术水平。2013 年 8 月，为加强全国内河船型标准化工作，加快水运结构调整，促进沿江沿河经济社会科学发展，交通运输部、财政部和黑龙江省、上海市、江苏省、浙江省、安徽省、福建省、江西省、山东省、河南省、湖北省、湖南省、广东省、广西壮族自治区、重庆市、四川省、贵州省、云南省、陕西省人民政府联合制定了《“十二五”期推进全国内河船型标准化工作实施方案》，提出了“标准化船舶占内河运输船舶总吨位 50% 以上，其中长江干线、西江干线和京杭运河达到 70%，基本实现内河客船、危险品船等重点船型的标准化”和“全国内河船舶平均吨位达到 800 载重吨，其中长江干线达到 1 600 载重吨，京杭运河达到 500 载重吨，西江干线达到 1 000 载重吨，其他内河达到 300 载重吨”的目标以及“自 2013 年 10 月 1 日 ~ 2015 年 12 月 31 日，对船龄在 15 年以上 30 年（含）之内 [其中黑龙江水系为船龄 15 年以上 36 年（含）之内] 的货船和船龄在 10 年以上 25 年（含）之内的客船，按规定进行拆解后给予政府补贴”的具体补贴措施。同时，这样的补贴措施对于不同省份有不同的标准，“对于现有船舶拆解改造的补贴，由中央和地方按照东部省份 50% ：50%、中部省份 60% : 40%、西部省份 70% ：30% 的比例承担”。该项政策将更有利于中西部地区内河船型标准化的推进。

在内河水运资金筹措方面，政府部门已建立内河水运建设专项资金渠道，并逐步扩大资金规模，各级地方政府积极安排财政投入，进一步统筹安排水运建设资金，江苏、浙江、湖北、重庆等省市还从财政中安排专项资金用于水运建设，成为支持水运发展长期稳定的资金渠道。同时，沿江省市还积极采用“以陆补水”、“航电结合、以电促航”、利用世行贷款和社会资本，推进投资主体多元化，并在征地拆迁补偿、相关税收、服务保障以及投资等方面给予最优惠政策，积极推进水运基础设施建设。2010 年 5 月 7 日，国务院印发了《国务院关于鼓励和引导民间投资健康发展的若干意见》（国发〔2010〕13 号国务院），要求“鼓励民间资本参与交通运输建设”“鼓励民间资本以独资、控股、参股等方式投资建设公路、水运、港口码头、民用机场、通用航空设施等项目”，并在同年 7 月 22 日印发的工作分工通知中明确说明这项工作的牵头部门为交通运输部。其中，内河水运不仅包含航道、枢纽、支持保障的建设领域，也包括内河港口工业、物流园区等建设。

这为我国内河水运投资战略的制定提供了新的思路。

3.2.1.3　国务院关于依托黄金水道推动长江经济带发展的指导意见

2014 年 9 月 25 日，国务院印发《国务院关于依托黄金水道推动长江经济带发展的指导意见》（国发〔2014〕39 号），提出“要充分发挥长江运能大、成本低、能耗少等优势，加快推进长江干线航道系统治理，整治浚深下游航道，有效缓解中上游瓶颈，改善支流通航条件，优化港口功能布局，加强集疏运体系建设，发展江海联运和干支直达运输，打造畅通、高效、平安、绿色的黄金水道”，具体内容见表 3–2。

提升长江黄金水道功能的主要内容　表 3–2

关键环节	主要内容
增强干线航运能力	加快实施重大航道整治工程，下游重点实施12.5m深水航道延伸至南京工程；中游重点实施荆江河段航道整治工程，加强航道工程模型试验研究；上游重点研究实施重庆至宜宾段航道整治工程。加快推进内河船型标准化，研究推广三峡船型和江海直达船型，鼓励发展节能环保船舶
改善支流通航条件	积极推进航道整治和梯级渠化，提高支流航道等级，形成与长江干线有机衔接的支线网络。加快信江、赣江、江汉运河、汉江、沅水、湘江、乌江、岷江等高等级航道建设，研究论证合裕线、嘉陵江高等级航道建设和金沙江攀枝花至水富段航运资源开发。抓紧实施京杭运河航道建设和船闸扩能工程，系统建设长江三角洲地区高等级航道网络，统筹推进其他支流航道建设
优化港口功能布局	促进港口合理布局，加强分工合作，推进专业化、规模化和现代化建设，大力发展现代航运服务业。加快上海国际航运中心、武汉长江中游航运中心、重庆长江上游航运中心和南京区域性航运物流中心建设。提升上海港、宁波舟山港、江苏沿江港口功能，加快芜湖、马鞍山、安庆、九江、黄石、荆州、宜昌、岳阳、泸州、宜宾等港口建设，完善集装箱、大宗散货、汽车滚装及江海中转运输系统
加强集疏运体系建设	以航运中心和主要港口为重点，加快铁路、高等级公路与重要港区的连接线建设，强化集疏运服务功能，提升货物中转能力和效率，有效解决“最后1km”问题。推进港口与沿江开发区、物流园区的通道建设，拓展港口运输服务的辐射范围
扩大三峡枢纽通过能力	挖掘三峡及葛洲坝既有船闸潜力，完善公路翻坝转运系统，推进铁路联运系统建设，建设三峡枢纽货运分流的油气管道，积极实施货源地分流。加快三峡枢纽水运新通道和葛洲坝枢纽水运配套工程前期研究工作
健全智能服务和安全保障系统	完善长江航运等智能化信息系统，推进多种运输方式综合服务信息平台建设，实现运输信息系统互联互通。加强多部门信息共享，建设长江干线全方位覆盖、全天候运行、具备快速反应能力的水上安全监管和应急救助体系
合理布局过江通道	统筹规划建设过江通道，加强隧道桥梁方案比选论证工作，充分利用江上和水下空间，推进铁路、公路、城市交通合并过江；优化整合渡口渡线，加强渡运安全管理，促进过江通道与长江航运、防洪安全和生态环境

3.2.1.4 长江经济带综合立体交通走廊规划（2014—2020年）

2014年9月25日，国务院印发《长江经济带2014—2020年综合立体交通走廊规划》提出，为统筹长江经济带交通基础设施建设，加强各种运输方式有机衔接，完善综合交通运输体系，特编制长江经济带综合立体交通走廊规划，见表3–3。

长江经济带综合交通网发展目标 表3–3

指　标	单　位	2013年	2020年
一、内河航道里程	万km	8.9	8.9
高等级航道里程	万km	0.67	1.2
二、铁路营业里程	万km	2.96	4
高速铁路里程	万km	0.4	0.9
复线率	%	49.8	60.7
电化率	%	69.7	88.5
三、公路通车里程	万km	188.8	200
国家高速公路里程	万km	3.2	4.2
乡镇通沥青（水泥）路率	%	97.9	100
建制村通沥青（水泥）路率	%	84.7	100
四、输油（气）管道里程	万km	4.4	7
五、城市轨道交通营业里程	km	1 089	3 600
六、民用运输机场数	个	74	100
七、长江干线过江桥梁（含隧道）数	座	89	180

其中，对打造长江黄金水道，规划提出充分发挥长江水运运能大、成本低、能耗少等优势，加快推进长江干线航道系统治理，整治浚深下游航道，有效缓解中上游瓶颈，改善支流通航条件，优化港口功能布局，加强集疏运体系建设，打造畅通、高效、平安、绿色的黄金水道。具体措施见表3–4。

打造长江黄金水道的举措 表3–4

关键环节	主要内容
全面推进长江干线航道系统化治理	加快实施重大航道整治工程，充分利用航道自然水深条件和信息化技术，进一步提升干线航道通航能力。下游重点实施12.5m深水航道延伸至南京工程；中游重点实施荆江河段航道整治工程，抓紧开展宜昌至安庆段航道工程模型试验研究；上游重点实施重庆至宜宾段航道整治工程，研究论证宜宾至水富段航道整治工程
统筹推进支线航道建设	积极推进航道整治和梯级渠化，提高支流航道等级，形成与长江干线有机衔接的支线网络。加快建设合裕线、信江、赣江、江汉运河、汉江、沅水、湘江、乌江、岷江等高等级航道，抓紧实施京杭运河航道建设和船闸扩能工程，系统建设长江三角洲地区高等级航道网络。研究论证金沙江攀枝花至水富、引江济淮通航和长江水系具有开发潜力航道升级改造的可能性。统筹推进其他支线航道建设

续上表

关键环节	主要内容
促进港口合理布局	优化港口功能，加强分工合作，积极推进专业化、规模化和现代化建设，大力发展现代航运服务业。加快上海国际航运中心、武汉长江中游航运中心、重庆长江上游航运中心和南京区域性航运物流中心建设。推进上海港、宁波—舟山港、江苏沿江港口功能提升，有序推进内河主要港口建设，完善集装箱、大宗散货、汽车滚装及江海中转运输系统
加强集疏运体系建设	以航运中心和主要港口为重点，加快铁路、高等级公路等与重要港区的连接线建设，强化集疏运服务功能，提升货物中转能力和效率，有效解决“最后 1km”问题。推进港口与沿江开发区、物流园区的通道建设，扩大港口运输服务的覆盖范围
扩大三峡枢纽通过能力	挖掘既有船闸潜力，启动三峡及葛洲坝既有船闸扩能和三峡至葛洲坝两坝间航道整治工程。加快完善公路水路无缝衔接的翻坝转运系统，大力推进铁路水路有效连接的联运系统建设，抓紧建设三峡枢纽货运分流油气管道，积极实施货源地分流。加强三峡枢纽水运新通道和葛洲坝枢纽水运配套工程前期研究工作
增强长江干线过江能力	统筹规划、合理布局过江通道，做好隧道桥梁方案比选、洪水影响评价等论证工作，充分利用江上和水下空间，着力推进铁路、公路、城市交通合并过江，节约集约利用土地和岸线资源。优化整合渡口渡线，加强渡运安全管理。促进过江通道与长江航运、防洪安全和生态环境协调发展，实现长江两岸区域间、城市间以及城市组团间便捷顺畅连接，形成功能完善、安全可靠的过江通道系统

对于建设综合立体交通走廊，规划提出依托长江黄金水道，统筹发展水路、铁路、公路、航空、管道等各种运输方式，加快综合交通枢纽和国际通道建设，建成衔接高效、安全便捷、绿色低碳的综合立体交通走廊，增强对长江经济带发展的战略支撑力。具体内容见表 3−5。

建设综合立体交通走廊的主要内容　　表 3−5

关键环节	主要内容
强化铁路运输网络	加强快速铁路建设，重点建设上海经南京、合肥、武汉、重庆至成都的沿江高速铁路和上海经杭州、南昌、长沙、贵阳至昆明的沪昆高速铁路，建设商丘经合肥至杭州、重庆至贵阳等南北向高速铁路和快速铁路，形成覆盖 50 万人口以上城市的快速铁路网
优化公路运输网络	积极推进国家高速公路建设。以上海至成都、上海至重庆、上海至昆明、杭州至瑞丽等国家高速公路为重点，统筹推进高速公路建设，消除省际“断头路”，尽快形成连通 20 万人口以上城市、地级行政中心、重点经济区、主要港口和重要边境口岸的高速公路网络。在科学论证和规划基础上，建设必要的地方高速公路，作为国家高速公路网的延伸和补充
拓展航空运输网络	加快上海国际航空枢纽建设，强化重庆、成都、昆明、贵阳、长沙、武汉、南京、杭州等机场的区域枢纽功能，发挥南昌、合肥、宁波、温州、无锡、丽江、西双版纳等干线机场作用，完善支线机场布局，形成长江上、中、下游机场群。优化航线网络，科学论证，提高主要城市间航班密度，增加国际运输航线。深化低空空域管理改革，发展通用航空。依托空港资源，发展临空经济

续上表

关键环节	主要内容
完善油气管道布局	统筹规划、合理布局沿江油气管网，加快建设主干管道，配套建设输配体系和储备设施，提高原油、成品油管输比例，增加天然气供应能力。完善长江三角洲、长江中游、川渝云贵地区原油、成品油输送管道以及区域天然气管网，加快油气管道互联互通，形成以沿江干线管道为主轴，连接成渝城市群、长江中游城市群、长江三角洲城市群的油气供应保障体系
加强综合交通枢纽建设	按照“零距离换乘、无缝化衔接”要求，加快建设14个全国性综合交通枢纽（节点城市）和重要区域性综合交通枢纽（节点城市）
建设国际运输通道	建设孟、中、印、缅通道、中，老、泰通道和中、越通道，加快基础设施互联互通。推进昆明至缅甸铁路、公路和油气管道建设，形成至南亚的国际运输通道。推进昆明至越南、老挝的铁路和公路建设，形成至东南亚的国际运输通道。开发利用国际河流航运资源，建设澜沧江、红河等水路国际运输通道。配套建设与国际通道相关的基础设施，完善口岸功能

3.2.1.5 物流业发展中长期规划

2014年10月4日，国务院印发了《物流业发展中长期规划(2014—2020年)》(以下简称《规划》)，部署加快现代物流业发展，建立和完善现代物流服务体系，提升物流业发展水平，为全面建成小康社会提供物流服务保障。《规划》提出，到2020年，要基本建立布局合理、技术先进、便捷高效、绿色环保、安全有序的现代物流服务体系，物流的社会化、专业化水平进一步提升，物流企业竞争力显著增强，物流基础设施及运作方式衔接更加顺畅，物流整体运行效率显著提高，全社会物流总费用与国内生产总值的比率由2013年的18%下降到16%左右，物流业对国民经济的支撑和保障能力进一步增强。其中，与长江黄金水道相关的内容见表3-6。

物流业发展中长期规划的主要内容 表3-6

关键环节	主要内容
着力加强物流基础设施网络建设	推进“港站一体化”，实现铁路货运站与港口码头无缝衔接。完善物流转运设施，提高货物换装的便捷性和兼容性。加快煤炭外运、“北粮南运”、粮食仓储等重要基础设施建设，解决突出的运输“卡脖子”问题
推进区域物流协调发展	按照建设丝绸之路经济带、海上丝绸之路、长江经济带等重大战略规划要求，加快推进重点物流区域和联通国际国内的物流通道建设，重点打造面向中亚、南亚、西亚的战略物流枢纽及面向东盟的陆海联运、江海联运节点和重要航空港，建立省际和跨国合作机制，促进物流基础设施互联互通和信息资源共享
积极推动国际物流发展	加强枢纽港口、机场、铁路、公路等各类口岸物流基础设施建设。以重点开发开放试验区为先导，结合发展边境贸易，加强与周边国家和地区的跨境物流体系和走廊建设，加快物流基础设施互联互通，形成一批国际货运枢纽，增强进出口货物集散能力。加强境内外口岸、内陆与沿海、沿边口岸的战略合作，推动海关特殊监管区域、国际陆港、口岸等协调发展，提高国际物流便利化水平

续上表

关键环节	主要内容
大力发展绿色物流	优化运输结构，合理配置各类运输方式，提高铁路和水路运输比重，促进节能减排。大力发展甩挂运输、共同配送、统一配送等先进的物流组织模式，提高储运工具的信息化水平，减少返空、迂回运输。鼓励采用低能耗、低排放运输工具和节能型绿色仓储设施，推广集装单元化技术。借鉴国际先进经验，完善能耗和排放监测、检测认证制度，加快建立绿色物流评估标准和认证体系。加强危险品水运管理，最大限度减少环境事故
推进多式联运工程	加快多式联运设施建设，构建能力匹配的集疏运通道，配备现代化的中转设施，建立多式联运信息平台。完善港口的铁路、公路集疏运设施，提升临港铁路场站和港站后方通道能力。推进铁路专用线建设，发挥铁路集装箱中心站作用，推进内陆城市和港口的集装箱场站建设。构建与铁路、机场和公路货运站能力匹配的公路集疏运网络系统。发展海铁联运、铁水联运、公铁联运、陆空联运，加快推进大宗散货水铁联运、集装箱多式联运，积极发展干支直达和江海直达等船舶运输组织方式，探索构建以半挂车为标准荷载单元的铁路驮背运输、水路滚装运输等多式联运体系

3.2.1.6　关于推进港口转型升级的指导意见

2014 年 6 月 10 日，交通运输部发布《关于推进港口转型升级的指导意见》（交水发〔2014〕112 号），提出以加快转变港口发展方式为主线，到 2020 年基本形成功能完善、配置合理、绿色安全、高效便捷、发展有序的现代港口服务体系。其中，与长江黄金水道发展相关的内容见表 3–7。

港口转型升级的主要内容　　表 3–7

关键环节	主要内容
加强港口集疏运体系建设	加快建设大型集装箱港区和大宗干散货港区的铁路集疏运通道，鼓励港口企业推动内陆“无水港”建设。加快“两横一纵两网”内河高等级航道建设，充分发挥内河的集疏运作用
积极发展以港口为枢纽的联运业务	充分发挥港口衔接各种运输方式的优势，积极发展铁水联运、江海联运、水水中转、甩挂运输，加快推进集装箱多式联运，不断提升港口对区域经济的辐射带动作用
积极发展现代服务业务	积极推进国际和区域性航运中心建设，鼓励有条件的港口充分发挥保税港区、综合保税区、自由贸易试验区政策优势，依托主业大力发展港航信息、贸易、金融、保险、咨询等现代服务业务。支持港口加快培育电子商务服务。有序建设邮轮码头，逐步完善邮轮港口服务功能。积极发展港口水上旅游等休闲服务和港口文化产业
调整港口结构	贯彻国家区域协调发展战略，完善港口布局规划，继续强化沿海港口和内河主要港口在全国综合交通运输体系中的枢纽作用和对区域经济发展的支撑作用。强化港口的区域性作用，通过管理创新、发挥资本纽带作用，优化资源配置，促进区域港口协调发展。合理实施新港区开发，合理确定开发规模和分期实施方案，防止新港区低水平重复建设和过度超前

3.2.1.7 关于加快现代航运服务业发展的意见

2014年12月26日，交通运输部发布《关于加快现代航运服务业发展的意见》（交水发〔2014〕262号），提出促进传统航运服务业转型升级、提升航运交易服务能力、创新航运金融保险服务等主要任务。与长江黄金水道发展密切相关的内容主要在于航运中心功能上，该文件提出“充分发挥区位优势，形成天津、大连、厦门等区域航运中心。加快武汉、重庆长江区域航运中心的形成，并与上海国际航运中心联动发展，更好地服务长江经济带建设。”

3.2.2 长远规划

近年来，在国家、区域和省市层面，我国分别开展和完成了一批水运专题规划工作，有力地指导了长江水运的发展与建设。国务院先后批准了《全国沿海港口布局规划》《全国内河航道与港口布局规划》《长江三角洲、珠江三角洲、渤海湾三区域沿海港口建设规划》等水运规划；交通运输部批复了《长江干线航道发展规划》，制定了《长江三角洲地区现代化公路水路交通规划纲要》《西部地区内河航运发展规划》《促进中部地区崛起公路水路交通规划纲要》《长江三角洲高等级航道网规划》等；2009年交通运输部会同国家发展改革委员会、财政部、水利部编制了《长江干线航道总体规划纲要》，并经国务院领导审阅后印发。目前，所有省级内河水运发展规划均已完成并经省级人民政府批准或经部省联合批准，主要港口总体规划已经部省联合审查或批复，长江水运规划体系基本形成。“十二五”期间，交通运输部加快推进了长江高等级航道建设，实施南京以下12.5m深水航道建设工程、荆江河段治理工程、西江航运干线和京杭运河扩能工程等重点项目。政府规划推进，为行业的全面协调和可持续发展创造了有利条件。

2014年交通运输部长江航务管理局编制了《长江航运发展规划纲要2014—2030年》，提出了2020年和2030年长江航运发展的总体目标和港航基础设施、运输装备服务、通航安全保障、绿色低碳发展以及经济社会贡献具体指标，基本符合长江经济带发展对长江航运的要求；提出了打造畅通高效航道体系、提高枢纽通航服务能力、提升港口综合枢纽功能、强化航运支持保障能力、促进航运市场健康发展、全面提升发展创新能力、大力构建绿色生态航运7个方面的主要任务；从完善法规标准、体制机制改革、人才文化支撑和资金政策保障4个方面提出的实施保障措施，可以作为今后一段时间长江航运发展的指导性文件。

3.2.3 法律法规环境

长期以来，交通运输部始终致力于积极推动水运行业相关法律法规建设，近年来取得了重要进展。2003 年 6 月,《中华人民共和国港口法》通过全国人大审查，并于 2004 年正式施行。为配合港口法施行，交通运输部进一步加强了相关部门规章的制定工作;2003 年发布了《港口经营管理规定》和《港口危险货物管理规定》;2004 年发布了《港口深水岸线标准》；2005 年发布了《中华人民共和国港口收费规则》和《港口统计规则》；2007 年颁布了《港口规划管理规定》和《港口建设管理规定》；2012 年交通运输部同国家发展和改革委员会颁布了《港口岸线使用审批管理办法》。此外，原交通部还制定或修订了《航道建设管理规定》《老旧运输船舶管理规定》《国内水路运输经营资质管理规定》等部门规章，为内河水运的资源保护、行业发展和行业管理提供了重要的法律依据。

随着社会各界对内河水运认识的逐步提高，有关立法工作在地方层面也受到了更多重视，以江苏、上海、浙江、广东、重庆、广西等为代表的一些省（区、市）在国家有关法律法规指导下，结合当地实际情况，制定了一批规范港口、运输、航道管理等地方性法规和政府规章，为促进水运行业的改革和发展提供了有力的法制保障。随着社会经济发展条件发生重大变化，内河水运的比较优势逐步显现，内河水运发展与其他运输方式乃至其他行业发生关联，部分领域在发展过程中存在冲突，亟待更高层级的法律来规定航道在国民经济中的地位及与其他经济活动的关系。在这样的背景下，经过 20 多年艰苦努力工作，《中华人民共和国航道法》（以下简称《航道法》）终于在 2014 年 12 月 29 日获得通过，并于 2015 年 3 月 1 日正式实施,这对促进内河水运快速发展意义重大。河流是国家的自然资源,防洪、发电、航运、灌溉等用水该如何合理分配，各方的利益需要通过平等的博弈，最后获得最佳平衡点。《航道法》则在涉水相关的利益博弈中为水运发展提供基本的法律准则。长期以来,《中华人民共和国航道管理条例》与涉水的《中华人民共和国水法》《中华人民共和国电力法》等法律不在一个层次上，当水运与水利和水电存在利益冲突时，不能在同等的法律层级下协调彼此关系，水运通道常常被阻隔。森林资源保护有《中华人民共和国森林法》,保护水资源有《中华人民共和国水法》和《中华人民共和国水污染防治法》，保护渔业资源有《中华人民共和国渔业法》，而针对航道资源保护却缺乏专门的法律规范。与其他运输方式相比，《中华人民共和国铁路法》《中华人民共和国公路法》《中华人民共和国港口法》和《中华人民共和国民用航空法》先后颁布，而航道保护和发展的法律基础相对较弱，这一定程度上导致了内河运输在五种运输方式中发展滞后，优势难以发挥。《航道法》的出台及实施，将明确航道的基本地位、投资主体、监管主体、法律责任和罚则等，明确航道投资的公益性及政府投资的主体作用，这将极大促进各地区的水运发展，进而促进地区经济社会发展。

3.2.3.1　航道的基建项目

航道是纯公益性的基建项目，投资回报很难直接显现为经济社会效益，对企业和银行的吸引力不大，所以只能是以政府投入为主，承担起内河航运基础设施投资主体的责任。对于中央政府，航道投资的潜在效益体现在以下几个方面：

（1）基于国家战略的水运通道建设能够实现国家意图。

（2）跨区域水运通道的建设有利于促进区域协调发展。

（3）沿边地区界河的航道投入有利于维护国家主权，推动边境贸易。

对于跨境河流和界河的航道投资及管理，明确了中央政府的主体责任，将大大弥补于跨境河流和界河航道投资不足的问题，形成与相关国家对等的监管体系，进而更加有效地维护我国领土主权和航运权，为构建通畅的跨境水运通道提供了制度保障。

3.2.3.2　航道投资的潜在效益

对于地方政府，航道投资的潜在效益体现在以下几个方面：

（1）水运的低成本优势能够降低物流成本进而对经济社会产生正效应。

（2）水运的节能环保优势能够为绿色发展做出贡献。

（3）水运在吸引临港产业布局、构建城市亲水空间等方面也具有巨大的作用。

（4）水运对于边远地区人民出行、推进基本公共服务均等化方面能够发挥重要作用。

上述航道投资的潜在作用尤其需要地方政府深刻认识，在以 GDP 为主的政绩考核机制下，航道投资以及水运发展虽然只能带来不高的 GDP 增长和就业，但由于水运的战略基础性作用，其所产生的潜在带动效应十分巨大。而且，在当前绿色发展的诉求越来越迫切的背景下，航道投资是最佳的选择。水电企业的发展对地方政府的税收有直接的贡献，枢纽船闸则是公益设施。在水资源开发利用中，不同程度地存在着追求发电效益、航运利益保护不够等问题。《航道法》的出台，有利于枢纽船闸的配套建设和运营，以往部分地方政府“重陆路、重水电、轻水运”的偏见将会改变。

3.2.3.3　“一带一路”的建设

“一带一路”建设是党中央统揽政治、外交、经济社会发展全局而做出的重大战略决策，是实施新一轮扩大开放的重要举措，是营造有利于我国周边环境的重要举措。国家“一路一带”战略的推进，需要交通大通道作为基础支撑保障，而水运大通道是其中重要的一环。《航道法》将促进长江黄金水道“延上游、畅中游、深下游”基本战略的加快实施，有利于促进长江干线进一步向上延伸，更大地发挥长江黄金水道长距离运输的优势和潜力，进而通过陆路运输与西部跨境河流相对接，打通“一路一带”的西部通道，为国家战略提供基础性保障。地处古代南方丝绸之路要道的云南，拥有面向“三亚”（东南亚、南亚、西亚）和肩挑“两洋”（太平洋、印度洋）的独特区位优势，是“一带一路”建设中的重要省份，是“一带一路”建设中连接交汇的战略支点。澜沧江—湄公河、中越元江—红河、怒江—萨尔温江和中缅伊洛瓦底江等国际河流是我国连接海上丝绸之路的重要国际内河水路通道。

我国是一个水运资源丰富的国家，充分利用水资源，加快发展水运，是科学发展和可持续发展的有效途径。水运对流域的区域经济发展具有明显的带动作用，吸引了钢铁、石化、汽车、电力等产业向沿江聚集，形成流域经济带，促进流域地区经济布局和产业结构优化，也极大地促进了旅游业和服务业的发展，增加了就业岗位。内河集疏运是部分沿海城市港口发展的重要保障。《航道法》的颁布将有利于这些城市进一步强化内河航道建设，发挥内河水运功能，促进更多的货物运输“弃陆走水”，优化交通运输结构，缓解陆上交通压力，进而支撑资源节约、环境友好型社会的建设；对于沿江城市，航道投资、建设、管理、维护、行政许可和处罚等有了法律保障，将弥补航道建设的资金缺口、减弱航道建设的跨部门协调难度、加快航道建设进程、有效解决非法挖沙等航道管理的难题、有效解决航道管理的责任主体等，这将极大促进内河水运发展，进而对沿江城市促进临港产业发展、优化产业布局、通过航运服务业带动城市产业升级等发挥巨大作用；同时，对于沿江沿边地区，发展水运经济，对提高少数民族地区经济发展水平，稳定边境，巩固国防，维护国家安全，扩大对外开放具有重要作用。

3.3　长江黄金水道发展优劣分析

3.3.1　黄金水道发展优势

根据长江黄金水道的发展现状及发展环境的分析，长江黄金水道发展的优势集中体现在以下两个方面。

（1）运能大、能耗小、成本低、占地少和污染轻，这是水运的传统优势。特别是污染轻这一优势，在当前雾霾肆虐、环境价值凸显的时期，更加显得突出。

（2）处于生命周期的成长期，即在我国当前的社会经济条件下长江黄金水道的优势处于逐步彰显的时期，特别是《航道法》的颁布实施，使得内河水运的快速发展具备了良好的法制环境，进而促进长江黄金水道的快速发展。

3.3.2 黄金水道发展劣势

长江黄金水道发展的劣势体现在以下 5 个方面：

（1）速度慢，适合大宗、长距离和低价值货物的运输，尤其是这几年水运市场低迷使得减速航行十分流行，水运的时效性缺陷还在不断放大，同时高铁的快速发展及不断完善将对水运客运产生实质性的影响。

（2）历史欠账多，基础差，需要较大的投入才能补足相对于其他运输方式的短板。

（3）服务水平不高，过度竞争导致行业亏损面大，给运输质量、安全性带来负面影响。

（4）受自然环境影响较大，大多为天然航道，季节性融枯导致水运的物流稳定性下降，这在一定程度上限制了水运的需求。

（5）跨区域性强，需要对长江黄金水道全线整体规划、建设和整治才能充分发挥系统能力。

3.3.3 黄金水道发展机遇

长江黄金水道发展的机遇体现在以下 6 个方面：

（1）内河发展上升为国家战略，国家层面的政策支持有利于内河优势的快速发挥。

（2）地方政府高度重视，以“长江经济带”国家战略引领的长江黄金水道建设必将快速推进。

（3）政策支持力度逐步加大。

（4）国家经济、沿江省市经济发展重要战略机遇期。

（5）国家产业结构调整和产业转移对内河发展提出新的要求。

（6）“低碳交通”和综合运输体系构建要求内河优势进一步突出。

3.3.4 黄金水道发展面临的挑战

长江黄金水道发展面临的挑战体现在以下方面：

（1）基础设施建设压力大，内河航道网络构建短期难以实现。

（2）完善的投融资体系尚待建立。

（3）法律法规建设还需要一个漫长过程。

（4）部门协调难度仍然存在，尤其是水资源综合利用。

（5）运输方式的协调发展还需加强。

长江黄金水道发展的优劣分析见表 3–8。

长江黄金水道发展的优劣分析　　表 3–8

优　　势	劣　　势
（1）运能大、能耗小、成本低、占地少、污染轻； （2）货损货差小； （3）处于生命周期的成长期	（1）速度慢； （2）历史欠账太多，基础差； （3）受自然环境影响较大； （4）全线通航条件差异大
机　　遇	**挑　　战**
（1）内河发展上升为国家战略； （2）地方政府高度重视； （3）政策支持力度加大； （4）国家经济、沿江省份经济发展重要战略机遇期； （5）国家产业结构调整和产业转移对内河发展提出新的要求； （6）“低碳交通”和综合运输体系构建要求内河优势进一步突出	（1）基础设施建设压力大，内河航道网络构建短期难以实现； （2）完善的投融资体系尚待建立； （3）法律法规建设还需要一个漫长过程； （4）部门协调难度仍然存在，尤其是水资源综合利用； （5）运输方式的协调发展还需加强

4 长江黄金水道发展需求及趋势分析

4.1 国家经济和长江流域经济展望

国家经济社会展望见表 4–1。

国家经济社会展望　　表 4–1

年份			2010	2014	2015	2016	2017	2018	2019	2020
人口（百万人）			1 341	1 368	1 374	1 384	1 389	1 394	1 399	1 402
GDP（现价美元）			59 266	105 004	118 875	134 110	148 640	167 422	185 052	207 755
GDP 增长率（%）			10.3	7.5	7	6.9	6.8	6.7	6.5	6.3
人均 GDP（现价美元）			4 428	7 603	8 570	9 636	10 636	11 934	13 144	14 709
经济结构	GDP 支出结构	投资率（%）	48.1	47.6	47.1	45.9	44.6	43.5	42.2	40.7
		消费率（%）	48.2	49.7	50.1	51.3	52.6	53.8	55	56.6
	产业结构	第一产业（%）	10.1	9.6	9.3	9	8.7	8.4	8	7.6
		第二产业（%）	46.7	43.6	43.1	42.4	41.6	40.9	40.2	39.5
		服务业（%）	43.2	46.7	47.5	48.6	49.7	50.7	51.8	53

按实现十七大提出的人均 GDP 到 2020 年比 2000 年翻两番的全面建设小康社会奋斗目标的要求，到 2020 年，按不变价格计算的人均 GDP 将增长 4 倍，达到了当代全面小康的社会，即上中等收入的发展中国家的水平；到 2030 年，按不变价格计算人均 GDP 将比 2000 年增长 10 倍，就是当代高收入的发展中国家，也就是当代新型工业化国家。来自国家统计局有关分析数据表明，工业化、城市化加速时期的经济决定了我国的经济至少到 2030 年之前完全有可能继续保持持续高速增长。GDP 的产业结构在未来将呈现以下趋势：第一产业比重将不断下降，第二产业比重在波动中趋于下降，第三产业比重将稳步上升。我国的工业化和城市化的目标大体上 2030 年可以实现。

从横向比较来看，2010 年第二季度，我国经济超过日本成为世界第二大经济体。根据世界银行中国研究论文系列（第 9 期）“2020 年的中国——宏观经济情景分析”的结果，2009 年，我国人均 GDP 为 3 678 美元。按照 2000 年不变美元计算，到 2020 年，我国的人均 GDP 将达到 4 800 美元，大致相当于 2008 年拉丁美洲和加勒比地区的平均水平。按照购买力平价计算，我国的人均 GDP 将从 2009 年的相当于美国人均 GDP 的 15% 上升到 2020 年的 26%。届时我国按购买力平价计算的总 GDP 将超过美国。从汇率升值的视角考虑，假设相对于美元的实际汇率平均每年升值 0.8%，按照现行价格，中美人均 GDP 之比将从 2009 年的 8.2% 上升到 2020 年的 16%，我国将在 2029 年超越美国成为第一大经济体。假设实际汇率每年升值 3%。我国将在 2023 年超越美国成为第一大经济体。国外诸多研究也预测了中国未来经济的前景，高盛最新的情景分析中预计我国在 2027 年成为最大的经济体。普华永道的报告预测我国在 2025 年成为最大的经济体。因此，无论按照汇率计算还是按照购买力平价计算，我国的人均收入在未来的一二十年内将会至少达到世界平均水平。这将意味着我国经济在世界经济的份额达到和超过我国人口的份额，即超过五分之一，一个占世界 20% 左右的经济体将对世界产生举足轻重的影响。

长江沿江地区作为我国经济增长最快的增长轴之一，在实现全面小康建设目标的关键时期，各地区也都向“提前实现全面建设小康社会”的目标发起了冲刺，长江沿江地区经济增长有望继续呈现加快发展的良好势头，在带动全国经济增长中发挥越来越重要的作用。

基于我国经济增长连续性和稳定性，并考虑沿江地区 7 省 2 市要“提前实现全面建设小康社会”的目标，预测未来 5 年长江流域地区 GDP 增长率按可比价格计算的年均增长为 7% ～ 8%。考虑到人口、物价指数和汇率变动等因素，2020 年长江沿江地区人均 GDP 将达到 11 790 美元。长江黄金水道在 2010 年以后具备了快速发展的社会经济条件，根据上述指标，2020 年 GDP 翻番，经济社会条件可以支撑长江黄金水道率先实现现代化。经济社会发展对长江水运的需求及趋势主要体现在以下几个方面。

4.1.1　港口、航运与物流的结合日渐深入

港口正在由传统的装卸、转运业务向包装、加工、仓储、配送、提供信息服务、保税、金融、贸易等高附加值综合物流功能延伸和发展。港口产业的发展与其他产业的关联性越来越高，并带动相关产业发展。利用港口区位优势，在港口周边地区发展临港产业和现代物流，是沿海沿江地区发展经济的重要方式。依托港口建设保税港区、物流园区成为港口和区域新的经济增长点。未来港口建设，不单

单是港口码头的建设，还包括临港产业、物流园区和社区等，成为高度融合的以港口为核心的城市物流综合体。

4.1.2 资源整合引领港口发展

港口资源整合由沿海向内河拓展。湖北省提出突破狭隘的区域概念，建设武汉新港，将其作为实施湖北中部崛起发展战略，推动武汉城市圈建设国家“两型社会”综合配套改革试验区的重要突破口。上海港提出以“稳固母港，走向世界”实施长江、东北亚和国际化三大战略，其中“长江战略”就是上海港通过管理、资本和技术输出，以港口为基础，以物流为节点，以集装箱运输为龙头，以区域性枢纽港为核心，辅以次级“喂给港”，通过整合港口、航运、代理资源，培育长江集装箱市场，集聚长江三角洲经济腹地货源，形成各区域性网络，最终形成以上海港为终端，辐射全长江流域的集装箱物流网络。

4.1.3 技术进步推动长江航运发展

交通运输部长江航务管理局提出了“4 个长江”的发展战略，其中“数字长江”就是要实现长江航运数字化、信息化、智能化，未来以信息技术为先导的技术进步将引领长江航运的发展。港口装备将呈现大型化、科技化、信息化和网络化，港口的技术结构将呈现出管理技术信息化、控制技术智能化、位移技术高效化。港口日益成为其所在城市的公共信息平台，其将以现代的数码、定位信息和网络技术为支撑，形成对物资流、商务流、金融流等进行主动、有效、实时监视和处理的控制系统。同时，绿色低碳技术也将得到快速应用。港口“油改电”、船用岸电技术、防风网防尘系统、海水源（地热源）热泵新能源技术应用等方面将得到普遍应用。

从沿海、沿江都市经济圈的发育发展程度上看，目前长江经济带业已形成了上游的成渝经济圈，中游的大武汉、长株潭、环鄱阳湖等长江中游城市群，以及下游及河口地区由沪苏浙皖 3 省 1 市组成的泛长三角都市经济圈的整体架构，其体量、规模、影响力和未来的竞争力都丝毫不亚于沿海三大都市经济圈，并且具有联系更紧密、腹地更深广、发展潜力更大、更具持续性和爆发力的明显后发优势。

从长江沿岸 4 个中心城市的发展情况看，上海和重庆已然成为直辖市和长江下上游的经济中心城市；素有“九省通衢”之便利的武汉在我国近现代以来的城市体系中历来仅次于北京、上海和天津，位居全国第四位，只是改革开放后地位有所下降，但作为我国中部地区的经济中心城市是当之无愧的；而作为六朝古都的南京，也必将在泛长三角都市经济圈和长江经济带中发挥极其重要的中心城市作用。

4.2　长江水运需求预测

从长江干线货运运输的历史发展历程来看，目前长江干线货物运输量正处于快速增长时期，拉动其增长的主要动力来自于煤炭、金属矿石等大宗干散货海进江运输量和集装箱运输量的快速增长。其预测数据见表 4–2。

定量预测数据表　　表 4–2

类　别	2020 年	
	货运量（万 t）	港口吞吐量（万 t）
回归分析	369 156.6	450 246.3
产值系数	311 537.5	462 855.6
弹性系数	264 104.6	381 158.5
时间序列	257 633.6	363 828.5
灰色模型	376 885.0	579 579.6

航运业作为周期性行业，与经济发展与贸易息息相关，我国经济贸易的迅猛发展带来了近几年的航运繁荣。未来一段时期内，长江黄金水道水路运输仍将有比较大的上升空间。一方面，随着经济全球化趋势的发展，高新技术产业和现代服务业的发展将进一步加快，跨国投资将进一步增长，长江沿江地区仍将是产业跨国转移和外国投资的主要方向之一，国际形势的发展趋势总体上将有利于水路运输产业的发展；另一方面，区域经济将继续保持健康稳定的发展趋势，长江三角洲和沿江地区将成为今后若干年内我国经济发展最为迅速的地区之一，沿江区域经济社会持续快速协调发展将进一步促进水路运输量的持续快速增长。

随着我国进入工业化加速发展阶段，重化工业占主导地位、现代加工制造业发达的长三角和长江沿江地区将获得新的发展，支持港口货物吞吐量持续增长。同时，世界制造业不断向我国转移，对外贸易仍将是我国经济增长的重要动力，将进一步推动港口吞吐量的增长。我国政府也将港口列为优先发展的产业，加大投资力度，并将大力发展煤炭、石油、矿石和集装箱大型码头的建设；上海港对沿江地区的辐射和拉动作用持续增强；沿江地方政府也通过制定“外向牵动”“以港兴市”战略，把港口作为发展的重点，以促进地方经济的发展。同时，由于直达航线的增多和中转航线的减少，也将对吞吐量的增长起一些制约作用。

根据数学模型的预测结果，在定性分析的基础上结合业内专家的意见，进行综合平衡，需求规模的预测结果为：长江干线水路运输近期将继续保持较快的增长，国民经济和对外贸易的持续稳定发展将进一步推动铁矿石、煤炭和原油这类重要能源、原材料和集装箱的较快增长，2020 年货物运输量将达到 26.5 亿 t，港口吞吐量将达到 36.8 亿 t，2020—2030 年间分别年均递增 5.8% 和 5.6%，随着港口直达航线的增多和干支中转航线的减少，港口吞吐量的增幅将小于货运量的增幅。

上述的预测结果，未能考虑长江水运增长的约束条件，比如水利工程、航道容量、环境容量等因素，是仅从需求端进行分析的结果。水利工程对水运运量的影响，往往不是单一的效应，很有可能存在正反两方面的作用。航道容量能否支撑上述预测的水运量也需要深入细致的分析。水运工程有可能对环境和生态造成不可逆的影响，从而使得水运工程建设受阻。

4.3 三峡船闸的未来趋势

4.3.1 三峡枢纽工程及三峡通航设施

早在 1919 年孙中山先生的《建国方略》一书中就描写了在长江三峡建造大坝的设想，认为长江三峡“当以水闸堰其水，使舟得溯流以行，而又可资其水利”。1953 年，毛泽东主席视察长江三峡后认为“三峡水利枢纽是需要修建而且可能修建的”，国务院组织专家进行了建设三峡工程的勘探、论证和设计工作，但专家论证没有取得一致意见，同时考虑国力、技术和国内国际形势等问题，三峡工程暂缓实施。1986 年 6 月，国务院发布了《关于长江三峡工程论证工作有关问题的通知》，分 14 个专题对三峡工程进行全面重新论证，结论认为技术可行，经济合理。1992 年 4 月 3 日，全国人大第五次会议审议通用过了《关于兴建长江三峡工程决议》，三峡工程建设正式启动。1994 年 12 月 14 日，三峡工程正式开工，经过 15 年的建设期和试运行期，2009 年 8 月 29 日，通过了国务院长江三峡三期工程验收委员会的验收。

三峡枢纽工程坝址位于长江西陵峡中段湖北省宜昌市三斗坪镇，建成后水库正常蓄水位 175m，汛期防洪限制水位 145m，枯季消落低水位 155m，水库总库容

393 亿 m^3，防洪库容 221.5 亿 m^3，兴利库容 165 亿 m^3。三峡工程的效益体现在三个方面，即防洪、航运和发电。防洪效益放在首位，长江荆江河段的防洪能力由约 10 年一遇提高到 100 年一遇，遭遇特大洪水时，配合分蓄洪工程运用，可防止发生毁灭性灾害。其次航运效益显著，三峡成库后，三峡大坝以上至重庆库尾回水区以下 660km 主航道由原来的山区河段改变成为最深达 175m 的湖区，成为一级深水航道，可昼夜通航，航运能力大大提升。再次是发电效益巨大，三峡电站总装机容量 22 500MW，是世界上规模最大的水电站，平均每年可向华中、华东及华南电网提供 882 亿 kW · h 的清洁电能。

三峡船闸和三峡升船机是三峡枢纽的永久通航设施。三峡船闸工程于 1994 年 4 月 17 日开工，2003 年 6 月 16 日三峡双线五级船闸试通航成功并试运营，2007 年 5 月 13 日通过国家验收。三峡船闸是目前世界上已建成船闸中连续级数最多，总水头和级间输水水头最高的内河船闸，全长 6.4km，设计总水头 113m，人字门最大门高 38.5m，门槛水深 5m。船闸闸室平面尺度为 280m × 34m，设计通过能力为下水过坝货运量 5 000 万 t，设计船型为万吨级船队。2014 年，三峡船闸双向通过货运量 1.2 亿 t，超过设计能力 1.2 倍。三峡升船机的功能主要是客运和鲜活货物的快速通道，2015 年 7 月开始试运行。升船机设计过船规模 3000 吨级，最大提升高度 113m，承船厢平面有效尺寸 120m × 18m，承船厢与厢内水体总重约 16 000t，是目前世界上技术难度和规模最大的垂直升船机。

4.3.2　三峡船闸运行情况

2003 年 6 月三峡工程蓄水以来，重庆至三峡大坝约 600km 的库区航道条件得到显著改善，长江上游水运迅猛发展，长江航运运能大、能耗小、污染轻、成本低的比较优势得到了较好发挥。与此同时，随着过坝货运量迅猛增长，船舶积压现象逐年加剧。三峡船闸 2004 年正式运行，当年完成过闸货运量 3 431 万 t，2004—2011 年年均增长 12%，2011 年达到 10 033 万 t，2012 年过闸货运量有所下降，2013 年、2014 年又逐年增长，2014 年达到 10 898 万 t，比 2013 年增长 12.27%，见表 4-3 和图 4-1。

三峡船闸历年过闸过运量统计表（单位：万 t）　　表 4-3

年份	2003	2004	2005	2006	2007	2008	2009	2010	2011	2012	2013	2014
货运量	1 377	3 431	3 291	3 939	4 686	5 370	6 089	7 800	10 033	8 611	9 707	10 898

资料来源：三峡通航管理局统计资料。

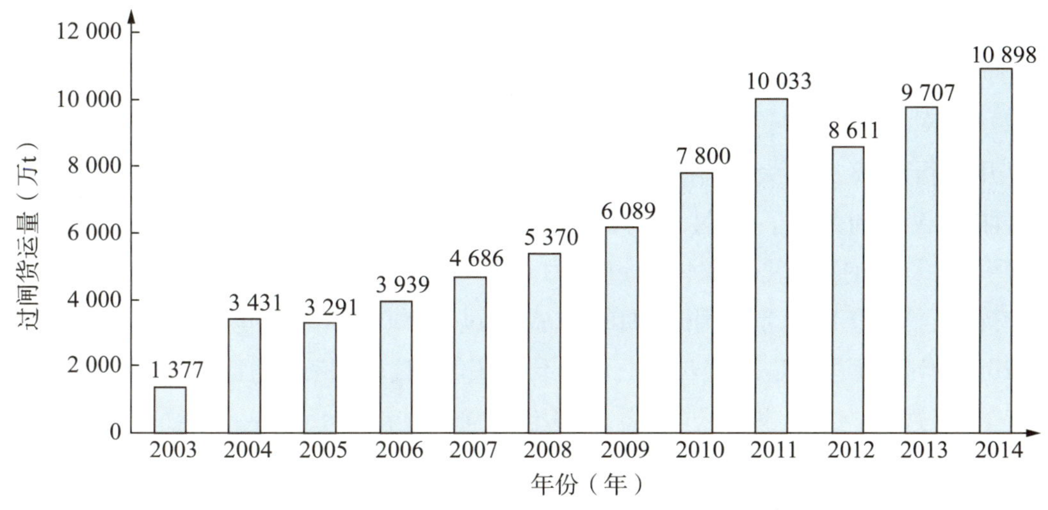

图 4-1 三峡船闸历年过闸货运量

2014 年，长江干线航道维护水深保证率达到 100%。三峡船闸货物通过量 1.2 亿 t，同比增长 12.98%，超出设计通过能力 20%；葛洲坝船闸货物通过量 1.18 亿 t，同比增长 12.39%，均创历史新高。

正常情况下，每日最多能安排 160 艘左右船舶过闸，但高峰时段过闸需求超过 200 艘，船舶平均待闸时间从 2007 年的每艘次几个小时迅速增加到 2011 年的每艘次 20 ~ 40h，甚至最长达到 5 ~ 7d。如遇不良气候、长江流量超标准、船闸检修等情况，积压船舶数量就会迅速增加，严重影响运输效率和服务水平。

从目前情况来看，由于受船闸和上下游航道通航条件的限制，船舶吨位和闸室利用率难以继续明显提高，三峡船闸通过能力接近饱和，测算未来最高单向通过能力在 6 000 万 t 左右，双向通过能力约 1.2 亿 t。过闸需求将继续快速增长，通过能力缺口越来越大。未来 10 年三峡过闸运量需求仍将保持平稳较快增长态势，预测 2015 年和 2020 年过闸货运需求将达到 1.5 亿 t 和 2 亿 t 以上。因此，即便考虑三峡升船机在 2015 年投入运行能增加约 250 万 t 的单向通过能力，预计 2015 年三峡船闸通过能力缺口约为 3 500 万 t，2020 年将超过 7 500 万 t，快速增长的过闸需求与通过能力不足之间的矛盾将越来越突出。若不尽早采取对策，三峡坝区船舶拥堵情况将逐年加剧，造成船舶运输效率下降、物流成本明显提高，严重制约长江沿江地方经济特别是西南地区经济社会发展。

实现长江上游、中游通行船舶组成、尺度与三峡船闸有效尺度的匹配，可使长江上游、中游航道，以及船闸的通过能力得以充分发挥，从而更合理、充分地发挥长江的整体航运效益。目前，应对过坝运量持续增长的主要办法是：

(1) 针对目前大小船舶在上下游全线航行，船舶与船闸有效尺寸不配套的情况，通过优化过闸调度管理、适当增设助航设施，以此来增加船闸日平均过闸次数和一次过闸平均载重吨位，从而提高船闸过闸货运量。

（2）针对船闸下游航道现状条件，研究在船闸下游分界，采取大小船舶在上下游分开运行的模式。大型船舶主要在上游运行，中小船舶主要在下游运行，以大型船舶满载过闸为主。同时，调整小型船舶的组成，使三峡船闸上下游运输能力达到平衡，从而提高长江整体通过能力。

此外，一部分货运量采用翻坝的方式通过，2008 年翻坝运量达到高峰 1 477 万 t，2013 年翻坝运量是 1 016 万 t。由于三峡船闸过闸货运量比设计预期的 2030 年提前 19 年达到饱和，船舶过闸需求超出船闸通过能力，造成等待过闸船舶数量较多，过闸船舶待闸时间较长，影响了长江干线通过能力和长江黄金水道作用的发挥，必须提高三峡枢纽航运通过能力已经成为共识，其中包括开展开辟三峡船闸新通道方案的研究工作。

4.3.3　关于开辟三峡新通道

4.3.3.1　三峡新通道的运量要求

三峡通航设施通航能力的设计基于当年国务院批复的《长江三峡水利枢纽可行性研究报告》中关于三峡过坝下行货运量预测：2000 年川江下水过坝运量为 1 550 万 t；2030 年川江下水过坝运量为 5 000 万 t。2003 年三峡船闸试运行，2004 年过闸货运量 3 431 万 t，之后逐年快速增长，2011 年过闸货运量 10 033 万 t，其中上行货运量 5 500 万 t，提前 19 年达到 2030 年的设计能力。按照国务院批复三峡工程建设时的要求：当三峡过坝货运量接近或达到设计能力的时候，就要考虑新建船闸。

4.3.3.2　三峡枢纽水运通航设施新通道前期研究

为了提高三峡枢纽通航能力，2013 年国家发展和改革委员会启动了三峡水运新通道前期研究工作，同时，对现有船闸实施有效措施挖掘潜力，加快推进长江船型标准化，推广“三峡船型”，积极组织和引导分流运输，进一步完善应急预案，研究调整三峡通航建筑物管理体制方案。

“三峡船型”是为了提高三峡船闸通航效率，由重庆市港航管理局联合交通运输部水运科学研究院、长江船舶设计院针对三峡船闸闸室尺度和适应三峡库区船舶运输市场及通航环境而研究开发的标准船型。该船型设计总长度 130m、宽 16.2m，是超长宽比船型。该船型可以 4 艘同时过闸，闸室平面充满率达到 90%，一次过闸船舶吨位最高可达 2.6 万 t，比设计每闸次通过货运量提高 1 倍多。

三峡枢纽水运通航设施新通道前期研究首先需要对未来三峡通航货运量需求进行预测，根据预测量确定开辟三峡第二船闸的必要性。三峡通航需求预测涉及以下 4 个重要因素：

（1）预测时间跨度；

（2）货运量在多种运输方式之间的分配；

（3）未来过闸船舶船型；

（4）过闸货物上下行流量变化。

首先，对于三峡船闸这样的永久性建筑，其预测期间应当考虑建成后 50 年甚至更长时期，因此，对未来三峡通航需求预测应以 2050 年为重点，兼顾考虑 2030 年中期需求预测。不同种类货物应当发挥多种运输方式各自的优势，宜水则水，宜路则路，并进行多式联运。对于未来过闸船舶船型，近期以现有三峡库区标准船型和“三峡船型”兼有，中远期以“三峡船型”为主并考虑船队运输。三峡船闸设计以下行货运量为主，船闸运行初期的 2004—2007 年出川货运量达到上行进川货运量的 2 倍。但随着重庆等西部地区经济社会发展和产业结构、消费结构的调整，三峡船闸过闸货物种类和流向发生了很大变化，2011 年开始，上行货物多于下行货物，2013 年下行货物仅占过闸总货运量的 38%，矿建材料取代煤炭成为过闸第一大货类，矿石、钢材和集装箱等货类也快速增长。根据长江上游航运发展情况和三峡船闸历年过闸货运量统计数据，结合长江上游地区经济发展和综合运输建设发展趋势分析，采用相关分析方法、货类预测方法和趋势分析方法预测三峡枢纽过闸货运需求量 2030 年为 2.0 亿～ 2.3 亿 t,2050 年为 2.5 亿～ 2.8 亿 t，其中上行货运量占 55% ～ 60%。

2014 年，通过综合挖潜的三峡船闸通过了近 1.1 亿 t 货运量，其能力仅能满足 2050 年预测需求量的 40%，目前的研究已经从需求角度初步论证了开辟三峡船闸新通道的必要性。

4.4 气候变化对长江水运影响的趋势

近百年来地球气候正经历一次以全球变暖为主要特征的显著变化。根据权威数据发布中心提供的 CO_2 排放的几种情景对 21 世纪前半叶长江流域气候趋势进行预估[31]，得到 21 世纪前半叶长江流域年平均气温都持续升高的结论。总体来看长江流域，7 月降水呈现增加趋势，8 月、9 月降水有减少趋势，降水时间分布更不均匀，不仅会增加洪涝灾害的发生概率，也有可能导致旱灾的发生。

在这样的气候大背景下，长江降水可能趋向于更加不稳定。然而，包括长江三峡、各支流的梯级渠化及航电枢纽的建设，以及国家对长江航道的持续投入和建设，再加之未来长江流域水资源的综合调度能力不断提升，使得长江航运的水位的深度和稳定性在不断提高，这样的正面效应远远大于气候变化对长江航运水位的负面影响，长江航运的自然条件在未来几十年中都将处于持续的改善当中。而且，长江航运水势（水位及稳定性）是长江降水及人类活动共同作用的结果，人类对长江航道所产生的正面影响可以消除气候变化引致的负面效应。

从过去几年长江航道局公布的长江航道维护水深的数据，我们也能够得到同样的结论。虽然从感受上认为长江的极端天气在不断增加，干旱、洪涝灾害时有发生，长江三峡对三峡库区气候的改变常常见诸报端引起争议，但从数据上来看，长江各区段年平均维护水深在逐步增加。除了中游增加幅度比较小以外，上游和下游增加幅度都较高。宜宾—泸州年平均维护水深从 2007 年的 2.21m 增加到 2011 年的 3.12m，增幅达 41.13%。重庆—涪陵从 3.59m 增加到 3.96m，芜湖—南京从 6.92m 增加到 8.75m。航道水深每增加 1m，对航运带来的效益是不可估量的。同时，从总体上来看，长江各区段维护水深的不稳定性也没有明显增加的趋势。从中上游的数据来看，长江维护水深的月度方差数据略有减小，表明 5 年来长江中上游水势变得更为稳定了。从下游的数据来看，长江维护水深的月度方差数据呈现变大趋势（剔除某些年份的异常值），表现为 5 年来长江下游水势变得更为不稳了。但由于航道水深比较高，这种不稳定也不会对航运产生较大影响。长江各区段年平均维护水深见表 4–4，方差见表 4–5。

长江各区段年平均维护水深（m）　　表 4–4

区段 / 年份（年）	宜宾—泸州	重庆—涪陵	宜昌—城陵矶	城陵矶—武汉长江大桥	安庆—芜湖	芜湖—南京
2007	2.21	3.59	3.52	3.88	5.71	6.92
2008	2.26	3.55	3.52	3.88	5.67	6.92
2009	2.35	3.63	3.53	3.88	6.17	7.67
2010	2.88	3.96	3.59	3.93	6.17	8.00
2011	3.12	3.96	3.67	3.99	6.17	8.75
累计增幅（%）	41.13	10.21	4.27	2.79	8.03	26.51

资料来源：长江航道局公布的月度维护水深数据。

长江各区段年平均维护水深的方差　　表 4–5

区段 / 年份（年）	宜宾—泸州	重庆—涪陵	宜昌—城陵矶	城陵矶—武汉长江大桥	安庆—芜湖	芜湖—南京
2007	0.12	0.26	0.48	0.30	0.29	0.27
2008	0.16	0.25	0.48	0.30	0.24	0.27
2009	0.20	0.37	0.46	0.30	1.15	1.15
2010	0.02	0.16	0.40	0.25	1.15	0.55
2011	0.17	0.16	0.32	0.18	1.15	1.57

4.5 低碳发展对长江水运的需求及趋势

工业革命以来，由于石化能源的大量使用等原因，地球上的碳排放不断增加，累积到现在，出现了气候变暖、土地沙化、水源枯竭、空气污染、物种减少等严重问题。世界自然基金会的研究表明，就世界整体而言，1980 年生态足迹已超过地球生产能力，2001 年地球的生态足迹超出地球生物承载力 20%。这种生态承载力严重超载的现象使得地球的生态系统日趋失衡，社会发展不可持续。人类最近 100 年对资源的消耗，超过以前全部人类历史消耗的资源总和。在这样的背景下，环保就成为经历着生态环境困扰的当代人类迫切的呼唤，绿色浪潮席卷而来。以低能耗、低排放、低污染为基本特征，以应对碳基能源对气候变暖影响为基本要求，以实现经济社会可持续发展为基本目的的“低碳经济”应运而生。低碳发展将成为未来人类经济社会发展的主题。随着气候变化形势日益严峻，温室气体排放权正从一种取之不尽的“自由物品”变成价值日渐增大的稀缺“资源”，而《联合国气候变化框架公约》是规制世界上国家、民族、企业和个人利用这种资源权利的原则和法律。这一规则给世界各国施加了一种碳约束。一个国家受到的碳约束越宽松或突破碳约束的能力越强，在未来世界中的竞争力就越强，国际地位也就越高，由此就产生了低碳经济下的世界新秩序。这种大趋势必将对长江水运产生深刻影响。这体现在以下 3 个方面。

4.5.1 低碳技术

低碳技术包括 4 大领域：

①对现有能源技术的改造。

②太阳能、风力、水力、生物质能、海洋温差、潮汐、海浪、燃料电池等新能源技术及其电力转换技术。

③能源效率技术。

④碳捕获技术等。

未来，包括风力、太阳能、水力、生物质能和地热等清洁能源在能源体系中所占的份额会越来越大，并对船舶、港口的相关技术产生深远影响。目前，重要的关注点在清洁能源、可再生能源在港航领域的应用技术，靠港船舶使用岸电技术，集装箱码头 RTG“油改电”技术，港口机械节能运行控制技术，营运船舶和施工船舶节能技术，天然气船舶在内河运输中的技术。从另一个视角来看，可再生能源对石化能源的大幅度替代，将使得水运的能源运输需求大幅下降，并从需求端对内河水运行业产生重大影响。

4.5.2　企业的低碳发展

未来，在碳排放的强力约束下，高碳行业的企业低碳转型势在必行，与此相关的企业碳审计、碳评估、碳披露、碳资产负债表、碳定价机制等会始终伴随着企业成长，长江港口和航运企业的战略、商业模式及经营理念也要在这样的大潮中重塑。

4.5.3　碳金融

围绕碳排放权，许多国家已经着手构建以碳交易市场为基础，包括碳基金、银行贷款、碳保险、碳证券以及一系列创新金融工具为支撑的碳金融体系。航运金融也必将与碳金融的内在要求及规律相融合，并进而影响港口和航运的发展。

4.6　走新型工业化道路对交通运输发展产生新影响

走新型工业化道路就是要不断提高工业化的科技含量，降低资源消耗和环境污染，从而增加我国的可持续发展能力和经济后劲。走新型工业化道路对交通运输业发展提出了新要求。

（1）加快产业结构调整，促进产业升级，是经济结构战略性调整的核心。产业结构调整发展的趋势是依靠科技进步与创新，加强第一产业，提高第二产业，发展第三产业，使之相互促进，协调发展。今后一段时期内第二产业的产值结构变动不大，会支持货物运输量增长速度保持稳定。加工深度较高、附加值较高的产业结构地位上升，这些产业主要产生轻质产品，使运输产品日益向质量轻、体积小、高附加值方向转变，从而使得单位国民生产总值中交通运输需求量逐步下降，因而会降低货物运输量增长速度。第三产业的产值结构快速上升，经济贸易中的无形商品贸易量，特别是服务贸易量所占比重不断上升，其发展速度明显超过货物贸易，使得传统的货物贸易量增长速度逐步减缓，会降低货物运输量增长速度。外需主导型产业结构地位上升，会促使货物运输量增长速度加快。

（2）运输品类的结构发生较大变化。随着国家产业的结构调整，货物运输品类结构中，大宗货物的比重下降，特别是煤炭运输，因能源结构改善、节能和环保等因素，运输需求增长幅度平衡，增速下降；而成品货物，特别是高技术含量、高附加值、时效要求高以及特种货物的增势加快。适箱货物的比重逐步增加，国际多式联运、集装箱运输和现代物流等现代化的运输方式和手段发展迅速。此外，随着人民生活水平的提高，农副产品、鲜活货物的供求范围不断扩大，品种也在不断增加。

随着科技的发展，人类的运输方式发生了重大的变革，水路运输的地位有所下降。到目前为止，人类历史经历了三次科技革命，包括以蒸汽机的发明与使用的第一次科技革命，以电力的发明与使用的第二次科技革命和以生物技术、新能源以及信息化为特征的第三次工业革命。计算机的普及，电子设备的更新换代，数字产品的推广和普及，在改变人们生活方式的同时，也对各行各业的发展产生了重要影响。古老的水路运输行业，也概莫能外地受到了信息化时代的冲击，不得不通过向现代水路运输转型的方式来应对信息化时代的需求。现代社会，高速铁路、高速公路、航空运输等运输方式的发展，对古老的水运行业产生了巨大的冲击，水路运输的优势地位开始下滑。可再生能源替代石化能源，能源利用的边际成本趋于零，内河长期以来的比较优势堪忧。

4.7 科技发展对内河水运影响的趋势

4.7.1 可再生能源

第一次工业革命以煤炭的使用以及蒸汽机的发明为标志。蒸汽机车引发铁路运输成本大幅下降，使得在更广范围内组织生产成为可能。蒸汽印刷和电报为更大范围生产提供了信息保障，大城市也因生产的集中以及人口的集聚而产生。19世纪最后20年，石油的发现和内燃机的发明和电话的问世，为第二次工业革命创造了条件。汽车使得产品的运输和人的出行具有更大的灵活性和便捷性，技术进步、集装箱化、服务标准化、港口装卸自动化和船舶大型化使得海运成本大幅下降，进而触发以比较优势为基础的区域分工和全球生产。50年前，海运成本占到了美国进出口总值的11%，而现在仅为货物总值的3.6%。

可再生能源的利用将触发第三次工业革命。与上两次工业革命不同的是，以太阳能和风能为标志的可再生能源，打破了石化能源集中开采和集中生产的垄断格局，可再生能源的遍在性使得能源的大范围运输失去了必要性，全球海运38%的能源运输需求（包括原油和煤炭）将遭受致命打击。分布式能源能够使得每家每户都能够通过太阳能发电实现能源自给，进而减少对石化能源的需求。同时，与传统能源不同的是，可再生能源随着技术的不断进步，其边际成本不断下降并趋于零[32]。从几种运输方式的优势来看，能源使用成本下降使得水运成本低的优势不再明显，而水运速度慢的劣势将进一步凸显，同时内河水运被水电设施分隔成段，其长距离运输才能体现的优势不再，致使内河水运的很大一部分将被公路运输所替代。而且，可再生能源不会向大气和河流中释放污染物，因而必将替代石化能源成为未来人类的能源主宰，并历史性地消除笼罩天空的雾霾。构建可再生能源体系、以建筑物作为收集可再生能源的设施、使用氢气存储间歇式能源、利用绿色电力或联网分配能源以及使用插电式或零排放燃料电池传播工具，以上这 5 大支柱的建立可以使数十亿人在接近零边际成本的物联网中分享能源[32]。

4.7.2　3D 打印

3D 打印技术，学术上又称“添加制造”（additive manufacturing）技术，也称增材制造或增量制造，将极大颠覆传统制造的企业组织方式和生产的空间组织方式。3D 打印的特征可以总结为：复杂不贵、产品多样化、不用组装、按需就近生产、设计空间无限、零技能制造、便携制造、废弃物很少、材料无限组合、精确的实体复制。

3D 打印引致的规模经济效应减弱和满足客户需求的本地化生产趋势加强，致使部分产业门类将由全球分工变为区域分工，由全球生产变为本地生产，沿海运输替代部分远洋运输，海运运距大幅缩短。

新一代机器人和人工智能的不断出现及价格不断下降使得其大幅度替代一般劳动力成为可能，以比较优势为基础的国际产业分工逐步弱化，这也降低了海运需求。

随着 3D 打印技术的兴起，许多产品的生产再也不需要那么多环节，也不需要在全球组织生产，对集装箱运输的需求将大大减弱。同时，随着 3D 打印技术对人们个性化需求的激发，与此相应的是这部分产品的物流活动更需要快捷的运输方式，航空运输将替代不少以往的海运集装箱运输。

3D 打印技术使得传统的大机器生产逐步没落，部分装备制造业走向衰落，这直接影响对钢铁的需求，进而影响对铁矿石和煤炭的需求，并对海运的大宗散货运输产生重大影响。

4.7.3　移动互联网

移动互联网是移动终端和互联网融合的产物，继承了移动终端随时随地随身和互联网分享、开放、互动的优势。移动互联网使得生产方了解客户需求的成本大幅下降，满足客户个性化需求的成本也随着 3D 打印技术的不断发展而大大降低，生产的小型化成为可能；可再生能源技术促发了运输成本下降，这催生了物流的小批量和小规模。在这样的趋势下，船舶大型化趋势被遏制，船舶减速航行将不再流行。个性化需求和运输成本的大幅下降使得人们对物流的时效性越发敏感，航空大幅替代海运成为可能。

4.7.4 汽车共享

“移动互联网 + 物联网”还催生了新的生活方式，人们可以只为使用汽车付费而不用购买汽车，这是由过去汽车所有权向未来汽车使用权的转移，进而减少 90% 的汽车使用，提高汽车出行效率，减少对石化能源的使用。与此同时，汽车生产商的盈利模式也会发生巨大变化，再也不用生产那么多汽车以供应市场，因而也会降低对钢材的需求，进而降低对铁矿石和煤炭的需求。未来遍在性可再生能源以及无人驾驶汽车的使用，货物和人的空间位移成本更低，效率更高，人们对时间的价值更为敏感，这也将降低对水运的需求。

第 3 篇

发展战略与措施

5 长江黄金水道发展战略指导思想及目标

5.1 长江黄金水道对国家经济和社会发展的贡献

长江黄金水道由于具备社会公共产品的特性，对国家经济发展和社会发展都具有重大贡献和作用，因此，具备长期持续发展能力。

5.1.1 经济贡献

长江黄金水道对国家经济发展的贡献可以量化体现在对 GDP 的直接贡献和间接贡献方面。

（1）直接 GDP 贡献

黄金水道直接 GDP 贡献测算的门类构成包括水运服务和水运产品两个层次，涉及水上货运、水上客运、港口仓储、汽车短驳、基建养护、船舶修造、管理部门等 7 项目。

采用生产法和收入法对黄金水道 GDP 进行测算，长江黄金水道直接 GDP 贡献度为 0.66%。

（2）间接 GDP 贡献

长江黄金水道的间接贡献反映了由于长江黄金水道的关联作用引致的其他行业的增加值。长江黄金水道对沿江地区经济的间接贡献包括后向波及效应、前向波及效应和消费乘数效应三个方面。

间接 GDP 贡献依据投入产出表进行核算，间接 GDP 贡献度为 13.21%。其中，后向波及 GDP 贡献为 3.05%，前向波及 GDP 贡献为 3.56%，消费乘数 GDP 贡献为 6.6%。

长江黄金水道的直接 GDP 贡献度虽然只有 0.66%，但经过前后向波及和消费乘数作用，它所产生的 GDP 总贡献度达到 13.87%。黄金水道经济总影响系数达到 1：21。

长江航运的区域经济辐射效应主要体现在连接上游、中游、下游经济带，使其成为一个联动发展的经济体，形成一种“网络”辐射优势。长江流域经济带以长江干流两岸为经济带的生长轴线，以大中型内河港口或水路交接枢纽为经济带内主要经济中心的生长点，内河水运是实现经济带内部和对外交流的重要手段，通过干支航线及港口集疏运线路取得经济腹地的广泛联系。中心城市与腹地之间的产业转移和梯度扩散中，长江黄金水道成为经济资源优化配置过程中关键要素之一。

5.1.2　社会贡献

长江黄金水道对社会发展的贡献体现在资源节约、环境友好、科技创新以及社会进步与和谐 4 大方面。

（1）长江黄金水道对社会发展的资源节约贡献

①投资效率高

这里的投资效率指的是单位投资所产生的货运量增长和货运周转量增长。由于内河航运在很大程度上利用江河湖泊等自然资源，虽然航道建设也需要一定的投入，但与其他运输方式的运输线路相比投资较省。

比较长江沿江公路、铁路和长江干线航运业投资情况，从货运量来看，每投资 1 亿元，公路产生的货运量增长为 12.6 万 t，铁路为 4.7 万 t，而长江干线水运产生的货运量增长为 118.2 万 t，三者的比例是 2.7∶1∶25.1；从货物周转量来看，每投资 1 亿元，公路产生的货物周转量增长是 1 049 万 t · km，铁路是 2 857 万 t · km，而长江干线水运产生的货物周转量增长是 17 500 万 t · km，三者的比例是 1∶2.7 ∶16.7。可以得出，投资水运的效率远远高于投资公路和铁路，尤其是在土地资源越来越稀缺、拆迁及补偿成本越来越昂贵、国家土地利用政策越来越紧以及建设资金有限的情况下，长江水运更应当优先发展。

②单位能耗低

通过折算公路载货汽车平均单耗、铁路运输综合能耗和长江干线航运能源单耗得出，公路运输能源单耗是长江水运的 13.9 倍，铁路运输能源单耗是长江干线水运的 1.8 倍，公路、铁路和水运的能耗比为 13.9 ∶1.8 ∶1。

③占地少

从长江沿线交通用地的结构来分析，港口码头占地仅为交通运输用地的 0.55%；公路占交通总用地的 86.6%，是港口码头占地的 157 倍；铁路占交通总用地的 10.5%，是港口码头占地的 19 倍。

如果考虑单位占地所产生的货运量和货物周转量，长江干线水运的单位占地的货运量是 14.3 万 t/ 公顷，是公路 0.7 万 t/ 公顷的 20 倍，是铁路 0.6 万 t/ 公顷的 24 倍；长江干线水运的单位占地的货物周转量运量是 7 498 万 t · km/ 公顷，是公路 45 万 t · km/ 公顷的 167 倍，是铁路 601 万 t · km/ 公顷的 13 倍。

④成本低

由于交通运输的整个过程中牵涉的环节很多，而且存在着货运量和运输距离的规模经济，不同运输方式成本的优势发挥范围也不尽相同，这里分析集装箱从重庆运输到上海的运价来比较三种运输方式的成本。从重庆运输一个集装箱标箱到上海，通过长江集装箱船舶运输、通过铁路运输和通过高速公路运输，长江水运、铁路和公路集装箱运价比约为 1 ：2 ：6。

⑤运能大

从特定线路的总运量来看，由于沿江铁路还没有贯通，因此无法比较长江水运与沿江铁路的运量，这里拟用长江水运与铁路京广线进行对比，大致可以反映二者的关系。长江干线货物运输能力相当于 13.6 条京广线，随着长江黄金水道的开发，长江运能大的优势还在不断提高。水运每马力运量可达 9t，是火车的 4 倍、汽车的 50 倍、飞机的 100 倍。

公路、铁路和水运在资源节约方面的比较见表 5–1。

公路、铁路和水运在资源节约方面的比较（无量纲）　　　表 5–1

数据 \ 运输方式	公　路	铁　路	水　运
单位投资的货运量增长	2.7	1	25.1
单位投资的货物周转量增长	1	2.7	16.7
单位能耗	13.9	1.8	1
单位占地的货运量	1.2	1	23.8
单位占地的货运周转量	1	13.4	166.7
运费	6	2	1
单位马力运量	1	12.5	50

（2）长江黄金水道对环境友好的贡献

①排放少

运输工具的排放物包括污染物的排放和温室气体的排放。从温室气体的主要构成二氧化碳的排放来看，单位运输周转量的排放船舶 38g/(t · km)，铁路 21g/(t · km)，公路 153g/(t · km)，公路、铁路和水运的比例是 7.3 ：1 ：1.8。

运输工具污染物的排放包括 CO、NO_x、HC、PM 等，根据国外研究结果，从治污的角度对各种运输方式进行比较，铁路、内河、公路单位运量治污费用之比为 1 ∶3.3 ∶14.6。在环境生态价值逐渐提升的过程当中，大力发展长江航运将有力支撑资源节约、环境友好型交通发展模式的构建。

②噪声低

不同汽车车型在加速行驶状态下噪声排放限值为 74 ～ 84dB，定置状态的噪声限值为 85 ～ 103dB；船长 30 ～ 75m 的内河船舶不同舱室的噪声限值为 64 ～ 110dB，距离船舶 20m 的噪声级为 68 ～ 75dB；火车机车噪声排放限值与汽车和船舶的差别不大。即一艘船舶的噪声大体相当于一辆汽车，单位货运周转量内河船舶产生的噪声仅相当于货车的 4.65%。

③景观美化

在部分沿江城市，航道建设与市政建设、岸滩美化相结合，改善了沿江两岸城区的环境，使航道建设、城市建设与自然相和谐，为城市营造良好的投资环境和人居环境，增强城市可持续发展的能力。沿江主要大中城市的江滩建设，形成了一道集观光、旅游、休闲于一体的亮丽景观。

（3）长江黄金水道对科技创新的贡献

围绕煤炭、原油、集装箱、矿石等为代表的大型现代专业化码头的建设，在地基处理、水工结构、水工及疏浚技术、装卸工艺等方面均取得了重大技术创新，初步形成了大型专业化码头建设成套技术。以振华港机产品为代表的中国港口机械装备技术处于世界领先地位，产品已进入世界 50 多个国家和地区。

长江口深水航道治理工程是巨型复杂河口航道整治技术应用的典型案例。该工程的总体治理方案、半圆形沉箱等轻型重力式结构、专用施工设备及施工工艺等形成了多达 74 项的创新技术，均属世界首创。

在船闸建设方面，三峡船闸采用四区段惯性输水系统，船闸单级运行的设计水头达到 45.2m，标志着我国在高坝通航技术方面取得重要突破。

港口电子数据交换系统、集装箱智能化生产管理系统、大型专业化散货码头装卸自动化控制系统、船闸自动控制系统等都得到较为广泛的应用；开展了长江数字化航道示范工程，数字化航道建设取得初步进展。

（4）长江黄金水道对社会进步与和谐的贡献

①吸纳就业量大

根据 2008 年一项对七省二市水上货运企业、客运企业、港口企业、船舶修造企业、水运工程建设企业、港航和海事等水运管理机构的抽样调查结果，黄金水道直接吸纳的劳动就业人数为 151.21 万人，直接就业贡献度 1.89%；影响社会总就业 1 436.88 万人，影响范围 18.01%，影响系数为 9.50 倍。黄金水道直接就业中：水上货运 32.76 万人，水上客运 9.62 万人，港口装卸及仓储 38.60 万人，汽车短驳 21.61 万人，船舶修造 33.55 万人，基建养护 6.46 万人，水运管理 8.61 万人。

黄金水道直接吸纳的劳动就业所创造的人均直接 GDP 和总收入，低于沿江地区平均水平，表明内河水运业属于劳动密集型产业，单位 GDP 需要的劳动就业要高于全社水平均水平，而且吸收的许多劳动力属于下岗职工和农民工，为解决社会最底层人民的就业发挥了不可替代的作用。

②特殊时期关键作用

由于水运不依赖于陆地和路基状况，在自然灾害下的应急保障能力强。如汶川地震灾害发生后，长江水运业全方位保障了救灾物资运输，发挥了重要作用。长江流域从古至今是洪涝灾害的多发地带，长航水运业对保障防洪工作起了重要作用，特别是 1998 年在抗洪抢险过程中作用突出。除此之外，战时水运的作用更是不可低估，是畅通的国防交通大动脉。

5.2 发展战略指导思想

以科学发展观为指导，以服务经济社会协调发展为出发点，以发展现代交通业、构建绿色低碳综合交通运输体系为基本要求，注重交通运输发展规律及我国内河运输发展的实际，充分发挥内河水运优势与潜力，加大长江黄金水道的建设投入力度，提升长江水运的现代化水平，增强对经济发展的带动和促进作用，构建畅通、高效、平安、绿色的现代化长江黄金水道。

5.3 基本原则

坚持科学发展，以人为本，合理利用和有效保护水运资源，保护长江水系生态，统筹协调水运、水利、水电发展，充分发挥水资源综合效益。

坚持适度超前，满足社会需求，以服务社会发展和现代化国家建设为出发点，本着“交通先行、适度超前”的原则加快长江黄金水道能力建设。

坚持改革创新，创新体制机制，创新政策和管理模式，加强先进适用技术和装备的研发和应用，推进长江黄金水道结构调整和总体服务水平提高。

坚持协调发展，协调好水运、公路、铁路、管道各种运输方式的发展，协调好航道、港口、船舶等黄金水道各要素的发展。

坚持绿色节能，充分发挥长江黄金水道的比较优势，坚持节能减排、绿色发展，推动资源节约、环境友好社会发展。

坚持合力共建，充分发挥中央和地方两个积极性，政府和企业两个积极性；发挥政府引导与市场调节相结合的作用，合力推进长江黄金水道建设。

5.4　战略目标

通过大力建设发展，系统治理长江干线航道，扩大三峡枢纽通过能力，提升港口规模和能力，优化港口布局，推进船型标准化和船舶大型化，增强长江干线航运能力，改善支流通航条件，提升长江黄金水道运输能力。建成完备的安全监管和救助体系，健全信息和智能服务系统，增强航运服务能力，提高内河水运队伍专业化水平，提高运输效率和节能减排能力，提升长江黄金水道安全环保水平。加快运输结构转型升级，加强长江水运与其他运输方式的衔接，合理布局过江通道，建设高效便捷的港口集疏运网络，提升长江黄金水道在长江经济带发展中的作用。实现长江黄金水道的畅通、高效、平安和绿色，成为我国综合运输体系和现代化内河水运体系的骨干、对外开放的通道和优势产业集聚的依托，造福子孙后代。

对上述战略目标进行简要凝练，就是要加快发展、科学发展，提升长江黄金水道运输能力、提升长江黄金水道安全环保水平、提升长江黄金水道在长江经济带发展中的作用，实现长江黄金水道现代化。

长江黄金水道现代化体现在以下 5 个方面。

（1）现代服务理念引导

为了适应日益提高的环境保护和安全的要求，水运行业向着畅通、高效、平安、绿色的方向发展。

（2）充分运用现代科学技术

现代科学技术包括现代信息技术、管理技术、大型专业化码头建造技术、装备制造技术等，也包括新能源、新材料、新工艺等在港口中的应用。这些技术的应用使大型码头建设成为可能，作业效率不断提高，使装备技术水平提高。现代信息技术和管理技术将促进港口智能化水平的发展，使管理效率大大提高，使大型甚至超大型企业仍可得到有效管理，并保持高效运营。

（3）提供畅通、高效、平安、绿色的水运服务

对水运服务的需求是一种派生性需求，社会经济活动是其本源。不断满足社会经济发展日益提高的需求，是水运发展的原动力。目前，对安全、环保越来越重视，人们的时间价值在不断提升，这都要求水运能够提供畅通、高效、平安、绿色的优质服务。

（4）提升沿江区域竞争力

满足社会进步、经贸发展、人民生活改善、国家安全以及应急反应等对长江水运的需求，提升沿江区域竞争力。长江水运是所在区域的战略性、基础性资源和服务性产业。沿江城市是带领所在地区加入开发开放、参与经贸全球化和国际

分工的代表，水运在其中发挥了不可替代作用。

（5）构建长江水运的和谐关系

构建长江水运的“三个和谐”关系，即经济和谐、社会和谐和生态和谐。长江水运与经济的和谐，指的是长江水运在国民经济中发挥去战略性、基础性和服务性产业的作用；与社会和谐意味着水运现代化所提供的服务必须是安全的、公平的和具有包容性的，满足客户的安全、公平、多样化和个性化的需求，社会和谐还意味着港口集疏运体系与城市交通和谐共生；生态和谐意味着长江水运发展要与环境保护、城市生态等相容。

因此，“长江黄金水道现代化”的构成有以下要素：

（1）完善的内河水运法律法规。

（2）科学合理的内河水运管理体制。

（3）干支直达畅通的高等级内河航道。

（4）现代物流枢纽的内河港口。

（5）高效的现代化内河航运。

（6）安全完备的内河水运监管体系。

（7）国际先进的内河水运节能减排水平。

（8）统一全面的内河水运信息系统。

5.5 战略步骤和分阶段目标

为了实现长江黄金水道战略目标，采取分阶段推进的战略步骤。

5.5.1 第一阶段

从现在起到 2020 年，全面加强基础建设，基本建成畅通、高效、平安、绿色的现代化长江水运体系，基本改变长江水运在流域综合运输体系中薄弱环节的状况。

2020 年，长江黄金水道实现第一阶段目标后在以下 8 个方面应具备的特征：

5.5.1.1 拥有较为完备的长江水运法规体系

从法制体系来看，过去这些年我国已经制定了大量的关于内河航道、港口、运输船舶、船员及安全管理体系方面的法规和规范性文件。总体来说，我国关于内河水运的基本法制框架已经基本形成，但是当前我国有关内河水运特别是内河危险货物运输安全监督管理的规范性文件大多以交通运输部法规或部令的形式颁布，并且没有涵盖所有管理领域，在法律效力层次上偏低，在法律调整内容上不全面，有些领域仍需要制订一些法律效力层次更高、更有效的规范和标准来改善目前状况，并提高日常监管和水上事故的应急管理水平，应以经营资质管理、从业人员培训、服务质量管理、水运统计等法规为配套，促进水路运输发展的法律法规政策体系建设和完善。

健全的法律法规体系不仅可以为政府内河水上监督管理机构履行职能提供操作规范，而且可以引导管理对象按照明确的标准自我约束，并且还可以防止管理机构滥用权力。

我国应完善内河水上运输特别是内河危险货物运输安全监督管理法律法规：

（1）要提高法律效力层次，对于综合性的和重要的规范性文件，应当通过立法机构将其上升为法律。对于各航行区域都可能涉及的规定，应当以国务院法规或交通运输部规章的形式颁布。

（2）要拓宽高效力层次法律的覆盖面，对于航道、港口、船舶、通航秩序、船员、危险品装运管理等各个危险货物运输安全监督管理职能领域都应制定较高效力层次的法律性文件。

2014 年出台的《航道法》，是一个重要的里程碑式的法律文件，它从国家法规层面保障航道的公共产品属性和公共基础设施地位。

5.5.1.2　长江水运管理体制基本合理

（1）加强对长江干线和主要支流的协同管理。

（2）合理调整中央和地方以及各部门对长江黄金水道建设和管理的责任。

（3）实现交通内部上中下游、航道、港口、船舶、支持系统之间的更加协调发展。

5.5.1.3　长江主要干支线航道通过能力提升

（1）长江上游三级航道延伸至云南水富。

（2）长江中游荆江河段航道等级达到一级，城陵矶至武汉河段航道水深提高到 3.7m，武汉至安庆段航道水深提高到 4.5m，安庆至芜湖段水深提高到 6m。

（3）长江下游南京以下开通 12.5m 深水航道。

（4）通过梯级渠化和航道整治提高主要支流岷江、嘉陵江、乌江、汉江、江汉运河、湘江、沅水、赣江航道等级，争取完成 2 ～ 3 条江的渠化示范工程。

2009 年 5 月，由交通运输部会同国家发展与改革委员会、水利部、财政部编制的《长江干线航道总体规划纲要》正式获国务院批准。根据该规划纲要，到 2020 年，国家将投入 430 亿元用于长江干线航道的系统整治和装备建设，长江干线航道通过能力将大幅提升。

①上游（水富—宜昌）：采取整治和疏浚相结合的措施，使水富至重庆、重庆至宜昌分别达到规划的内河Ⅲ级、Ⅰ级航道标准。

②中游（宜昌—湖口）：规划宜昌—城陵矶河段航道为内河Ⅰ级、水深为 3.5m；城陵矶—武汉河段的航道水深为 3.7m；武汉—江西湖口河段的航道水深为 4.5m，

可通航由2000吨级或5000吨级驳船组成的2万～4万吨级船队，利用自然水深通航5000吨级海船。

③下游（湖口—长江口）：湖口—安庆段航道为内河Ⅰ级、水深为4.5m；安庆—南京段航道内河Ⅰ级、水深为6.0m；南京—太仓段航道逐步改善通航条件，适应大型海船运输需要，可通航由2000吨级或5000吨级驳船组成的2万～4万吨级船队和3万～5万吨级海船；太仓—长江口段航道水深12.5m，实现5万吨级集装箱船全天候双向通航，兼顾10万吨级散货船舶满载乘潮通航。

国务院出台《加快长江等内河水运发展的意见》后，长江黄金水道建设加快了步伐，交通运输部提出要提前实现规划目标，上述目标有望在“十二五”末期或“十三五”初期实现。

5.5.1.4 长江内河港口服务达到沿海港口水平

（1）长江内河港口布局合理、规模适当、层次分明、功能完备。

（2）形成专业化的内河码头体系。

（3）建成以内河港口为枢纽的物流中心。

（4）提高港口的节能环保水平，使长江港口成为社会和谐及生态和谐典范。

5.5.1.5 长江水运运力基本满足运输需求，竞争力提高

（1）长江内河运输船舶技术和装备水平有显著提高。

（2）长江旅游客运软硬件服务达到国际先进水平。

根据统计规律，长江干线运输船舶平均吨位是全国内河的2倍，船型标准化率也高出全国平均水平。三峡成库后，其通航条件发生极大变化，对船舶安全技术性能及环保性能要求提高，提高三峡五级永久船闸和葛洲坝船闸利用率对整个长江航运的发展具有重大影响。因此，在该水域推行船型标准化的紧迫性和重要性非常高。长江上游干线（川江及三峡库区）船型标准化的总体目标是：2020年，船型标准化率达到95%，船舶平均吨位达到1 500载重吨。

长江干线中下游航道，主要由船东根据市场需求选择船型，政府可采取引导、推荐的方式促进当地船型技术进步。

5.5.1.6 监管水平适应长江水运发展需要

（1）建设长江船岸通信、监控系统。

（2）实现长江水路危险品运输的全程监管。

（3）建立完善的长江水运应急预案体系。

（4）加强三峡船闸安全监控和应急体系建设。

（5）建立健全长江水运救捞系统。

5.5.1.7 长江水运节能减排达到国际先进水平

（1）制定和颁布内河水运节能减排法规。

（2）政府积极扶持采用能耗低、污染少的先进技术和装备。

（3）逐步提高运输船舶能耗和排放标准，到 2020 年，长江黄金水道运输船舶平均单位运输周转量能耗比 2005 年下降 20%；平均单位运输周转量能耗和二氧化碳排放比 2015 年下降 20%；三峡库区运输船舶生活污水达标排放率（或集中回收处理）达到 100%，长江干线达到 80%。

交通运输部和财政部及全国 20 个省（市）于 2013 年 8 月 19 日联合发布的《“十二五”期推进全国内河船型标准化工作实施方案》文件中提出，到 2015 年，全国内河运输船舶平均单位运输周转量能耗比 2005 年下降 14%；二氧化碳排放比 2005 年下降 15% 以上，三峡库区和京杭运河运输船舶生活污水达标排放率（或集中回收处理）达到 100%，全国内河运输船舶生活污水达标排放率（或集中回收处理）达到 50%。因此，在本战略中提出的长江黄金水道船舶能耗和排放标准具有实现的可能性。

5.5.1.8　建立起统一的长江黄金水道信息平台

（1）通过信息化提升长江水运竞争力。

（2）建立具有自主知识产权、统一的长江水运综合信息服务系统。

（3）长江港航企业信息化整体达到我国国内沿海水平。

目前，长江水运港政、航政、海事监管、运输服务等信息化发展水平与国外发达国家相比差距较大，并且上下游、各省、中央和地方信息平台不统一，信息无法共享。为了解决这个重大问题，交通运输部已经开展了相关工作，包括启动基础平台研究、设计统一信息平台方案。因此，到本战略目标第一个目标年要实现构建统一的长江黄金水道信息平台，提高长江水运行业行政、管理、服务和水运企业的信息化水平。

5.5.2　第二阶段

2020—2050 年，完成长江干线航道大规模整治和长江主要支流的渠化，充分发挥水运的绿色环保优势，实现长江水运与经济社会和谐发展。

2020—2050 年长江黄金水道第二阶段目标是全面建立完善的长江水运法律法规体系，建立运转顺畅的管理体制和监管体系，长江黄金水道与其他运输方式协调发展，构成我国东西综合运输大通道。长江水系高等级航道干支直达，长江港口服务、船舶运输服务和节能减排达到世界先进水平，长江水运成为信息化等一流科技创新的载体。在充分论证、科学合理、生态和谐的条件下，进行沟通长江水系和珠江水系的开发工程，充分发挥水运的绿色环保优势，实现长江水运与经济社会和谐发展。

6　长江黄金水道发展重大战略措施

6.1　畅通航道战略措施

（1）加快长江干线航道系统治理，发挥长江干线航道治理的整体效益。上游一级航道延伸至水富，适时实施三峡水库区尾航道整治，改善两坝间通航条件；中游实施荆江河段河势控制和航道治理工程，全面改善通航条件；下游加快实现航道规划标准，加大力度推进南京以下 12.5m 深水航道建设工程。

（2）加快实施岷江、嘉陵江、乌江、汉江、江汉运河、湘江、赣江等长江主要支流的航道建设工程。

（3）对长江新建水利水电枢纽和桥梁等基础设施，要充分考虑内河水运发展要求。

（4）对已存在碍航、断航问题的内河航道，要在充分论证通航价值和可行性的基础上逐步建设通航设施。

6.2　规模港口战略措施

（1）通过建设和发展内河港口的基础设施现代化、服务现代化和管理现代化，提升港口对经济社会贡献率，提高港口专业化程度，强化港口服务功能的完备性和适应能力，提高港口生产力，构建层次分明、布局合理、优势互补的内河港口体系，提供安全、节能、环保的港口服务，提升港口信息化水平，形成社会和谐与生态和谐的港城关系，基本实现内河港口现代化。

（2）加大对内河港口基础设施建设的支持力度，加快内河主要港口和部分地区重要港口专业化、规模化、现代化港区建设。

（3）加快上海国际航运中心建设，推进武汉长江中游航运中心和重庆长江上游航运中心建设，提升其竞争力和影响力，使其成为国际一流的航运中心。

（4）大力发展港口物流，按照“港口、物流和产业”相结合模式发展内河港口，建设一批以大中型内河港口为核心的综合物流交通枢纽。

（5）提高内河港口服务水平，加强港口服务与现代服务业的融合，形成港口服务集聚区。

（6）提高内河港口信息化水平，建立完善的港口物流公共信息服务系统，发展港口物流信息增值和信息资源服务。

（7）实现内河港口行政管理体制顺畅、管理高效，建立体制合理、管理先进、服务到位、行之有效的管理服务型内河港口行政管理系统。

（8）建立完善的内河港口投融资体系，形成以国资、民资和外资共同发展的多元化投资主体，建立起公平有序的市场竞争环境。

（9）着力培育大中型内河港口企业，支持内河港口企业建立并完善现代企业管理制度，实现重点港口企业的上市。

6.3　标准船型战略措施

（1）通过推进内河运输船舶标准化，提高内河航运生产力水平和素质，提升内河船队的安全、环保和节能减排能力，推动内河运输结构调整，实现内河运输船舶现代化，促进内河航运现代化。

（2）制订和完善内河限制性航道运输船舶主尺度标准，提高通航设施利用率。对建有船闸、升船机等通航设施的内河限制性航道，制订通航船舶的主尺度系列标准并强制执行。

（3）建立内河运输船舶标准船型指标体系，提高内河运输船舶的设计与管理水平，指导内河标准船型的设计与开发工作，指导内河标准船型选优工作。

（4）制订内河营运船舶燃料消耗量限值标准，建立市场准入制度，对不符合标准的新造船禁止投入市场。建立内河船舶能耗和污染物排放统计和监测体系，实时了解船舶节能减排现状。

（5）加快船型标准化相关法律法规建设，保障船型标准化的顺利进行。修改和完善现有相关技术法规及规范，做好船型标准化与相关技术法规和规范的衔接工作。

（6）研发和推广应用内河船舶新技术、新装备、新船型，全面推广先进成熟的节能减排技术、设备和产品在内河船舶的应用，增加清洁能源在内河船舶上的应用，如 1NG 动力燃料、太阳能，限制使用重油等，提高船舶现代化水平。

（7）加强运输组织管理，提高内河航运集约化水平。研究内河运输组织方式，论证新形势运输需求下运输方式的优化，发展江海直达运输。

（8）鼓励内河航运企业规模化经营，提高内河航运企业抗风险能力、技术更新改造能力和管理水平，实现运输组织的规模化、专业化和集约化经营。

6.4 智能高效战略措施

（1）将信息化技术广泛应用于政务管理、公共服务和企业经营等长江水运领域，统一协调利用长江信息资源，实现长江信息资源共享；通过信息化技术促进长江水运现代化。

（2）建立以电子航道图为基础地理信息平台的长江水运综合信息服务系统，涵盖电子政务、公共服务、电子商务、安全监管、物流服务、数字装备等多种应用系统。

（3）推动水运业务应用系统建设，加快长江干线水路交通应急指挥平台建设，加快长江干线船舶自动识别系统和长江海事救助巡航力量调度指挥系统建设，完善和拓展三峡数字航道工程建设。

（4）大力推动长江水运信息资源的集成和共享，解决认识障碍和关键技术问题。

（5）提高港航企业装备数字化水平，积极扶持港航企业信息化建设，给予资金和政策支持，推进设备标准的统一；加强港航企业信息系统建设，提高信息技术应用水平。

（6）强化电子政务的建设和应用，实现长江干线和地方港航管理单位电子政务系统的衔接，通过多种电子信息手段发布长江航道通航信息、行业发展、行业政策、水运经济、水运研究等行业管理和服务信息。

6.5 平安保障战略措施

（1）建设长江水运发展安全保障长效机制，加快建设长江水系安全监管和应急救助体系。

（2）实现长江干线安全监管和应急救助体系的全方位覆盖、全天候运行和快速反应能力；加强三峡坝区等综合基地建设，完善长江干线基地、站点布局和功能。

（3）落实企业的安全生产主体责任和政府安全监管责任。

（4）强化重点水域安全监管，服从防洪调度，积极应对地质灾害和极端气候。

（5）建立重大隐患排查、重大危险源监控制度和预警、预报、预防制度。

（6）提高航道应急抢通能力，有效降低重大突发事件造成的损失。

（7）提高船舶安全性能，加强船舶管理和动态监控，强化内河危险品运输、滚装运输、水上客运和渡运的安全监管、应急处置和治安防控能力建设。

6.6　绿色环保战略措施

（1）按照长江生态功能区划和水功能区划要求，在长江航道、港口工程建设和运行中，更加注重保护水生态环境，依法保护饮用水水源地和水生生物保护区、关键栖息地，严格进行环境影响评价，落实环境保护和生态补偿措施。

（2）推广先进适用的港口装卸工艺和装备，有效降低港口生产环节的能源消耗和污染排放，加强船舶流动源污染控制，推动船舶防污设备配置，对新建内河运输船舶安装油污水处理（或储纳）和生活污水、垃圾收集设施，建设船舶污染监视监测系统，防止发生重大污染事故。

（3）建立内河水运污染事故应急响应机制，配备污染应急处理设备，提高快速反应和处置能力。

（4）建设船舶生活垃圾和油污水的岸上接收处理设施。

（5）严格执行和逐步提高船舶排放标准，逐步禁止生活污水排放达不到规范要求的客船（含载货汽车滚装船）以及单壳油船、单壳化学品船进入内河水域。

（6）加快淘汰能耗高、污染重、技术落后的老旧船舶。

7 政策建议

7.1 科学、长期、系统地对长江黄金水道发展进行规划

国家规划是具有法律效力的法规性文件，是进行相关工程和项目建设开发的依据性文件。例如通航河流上枢纽通航设施的建设规模、建设桥梁的净高主要以规划的水域通航等级为标准确定，这些建设工程的结构设计基准期很长，一般达到 50 ～ 100 年，这些建筑物一旦建成，很难改造或重建。因此，应当有和其建设设计基准期相当周期的航道建设规划对其建设标准进行指导。目前，我们的内河水运和航道建设规划一般只有 5 ～ 10 年，规划期间太短、没有长期指导作用是导致水运行业在与其他行业建设项目协调、沟通方面往往被动的原因之一。

因此，本书建议尽快组织力量科学、系统地制定 30 ～ 50 年的长江黄金水道发展建设规划，在进行规划时，应加强长江水系综合运输规划的编制，增强铁路、公路与水运的衔接。同时，建议尽快开展新建船闸的研究论证工作。考虑到三峡船闸挖潜空间有限，必须尽快启动新建三峡枢纽通航建筑物的论证建设工作，从根本上解决船闸通过能力不足问题。此项工作涉及面广、影响重大，建议由国家发展和改革委员会牵头，国务院三峡办、交通运输部等有关部委和沿江地方政府参加，尽快组织开展三峡枢纽过坝运输需求和综合运输方案的研究论证工作，统筹研究铁路、公路、水运等综合运输通道建设与新建船闸的比选问题，及时提出解决方案供国务院决策。

7.2 从国家层面引导运输方式宜水则水，减少交通的负外部性

交通的负外部性主要集中表现在交通拥堵和环境污染两个方面。通过在有条件的地区按照“宜水则水、宜路则路”的原则，加大水路基础设施建设力度，能够有效降低公路、铁路的供需紧张，降低因拥堵产生的能耗增加，同时降低污染排放，有利于构建资源节约、环境友好交通发展模式。政府可以对不同运输方式

根据其污染物的排放收取污染排放费，引导交通运输向更节能环保的方向发展。通过“看得见的手”作用于市场“看不见的手”，政府可以通过各种政策手段改变各种运输方式的服务价格（税费和补贴），从而改变各种运输方式的需求结构，并最终改变交通市场结构，向有利于资源节约、环境友好交通发展模式的方向转变。具体的措施包括以下两个方面：

（1）水运企业的燃油税返还，实行内河航运企业先征后返还补偿的政策。

（2）征收炭税，促进内河水运发展。

7.3　加强现代化内河水运人才队伍建设，形成吸引和留住人才的机制

人才是一个行业持续发展的根本因素之一。由于内河水运业相对比较落后，薪酬待遇比较低，人才流失问题近年来越来越突出。政府和行业管理部门应当予以扶持，进行政策倾斜，培养和造就一批内河水运管理人才、技术人才和技能人才，要重视和完善内河水运人才培养机制，营造人才成长良好氛围；着力培训体系建设，加大培训教育力度。

7.4　创新内河水运的投融资体系

内河水运长期投入少，造成了当前交通运输体系中薄弱环节的状态。本书建议坚持对内河水运长期增加投入，逐步改变落后现状。水运设施建设涉及社会公共资源的使用问题，具有明显的外部效应，中央和地方政府必须建立航运基本设施特定财源制度，统筹使用交通建设资金和燃油税费改革转移支付资金，从公路资金和财政资金中划出一定数量的资金建立内河水运基础设施建设专项资金，并逐年递增，保证财政资金能按照建设进度及时投入。同时由各地省级政府统一协调各地市县和受益单位按照一定比例负担相应的建设资金，为水运设施建设提供与其投资特性相适应的稳定的资金来源，以确保各级政府所承担的建设资金及时到位，保障基础设施建设顺利地进行。为促进水运资源的综合开发利用工作，各地政府应在目前“以电养航”的政策机制基础上，制定“以路养航”“以土养航”“以旅游养航”等政策机制，建立航道岸线使用有偿机制，拓宽收入渠道。此外，政府还应考虑在税收优惠和收费经营权质押等方面制定相关优惠政策，同时制定相关制度保障优惠政策的可操作性和延续性，逐步形成一套综合利用内河水运资源的政策机制和财税扶持政策，确保投资者能够获得较多收益，以吸引更多的社会资金投入内河水运发展建设，减轻政府自身的财政支出压力。各地方政府应根据

水运设施项目的性质选择不同的投融资模式，发挥市场配置资源的能力，引导民间资本和外资投入内河水运建设、养护等领域，逐步建立市场化、多元化的内河水运投融资机制；争取设立产业投资基金，并合理设计该基金的投资结构和回报率，让其具有足够的吸引力，这样可为我国的水运建设提供长期、低成本、专业、稳定的资金来源。

7.5 提高科技含量，打造现代化内河水运

我们要用最现代化的技术去装备最古老的运输方式，使之成为现代化的内河水运。本书建议积极扶持和鼓励在内河水运业开展政策创新、技术创新和先进技术应用，加大内河水运科研投入力度，开展国家层面的关键技术科研攻关，大力提倡产、学、研结合的水运产品研发模式，积极吸引各种新技术应用于内河水运业。

7.6 提升内河航运企业竞争力

长江航运长期以来运价低、燃油成本高，利润薄，企业普遍经济效益较差，缺少抵御市场风险的能力。因此企业用于技术和设备更新的能力差，与远洋和沿海航运企业船舶整体水平相差甚远，形不成规模效益，对船员缺乏吸引力，缺乏高水平人才，很多内河船员是从地头到田头。市场景气好时，大量小企业靠压低运价，恶性竞争，博取微薄利润。近两年来我国经济增长速度减慢，运输需求增长减缓，航运市场不景气，大量企业已经亏损或勉强维持。

这种状况与现代化内河航运体系目标差距巨大，应当研究相关政策，提升内河航运企业实力和竞争力。本书建议如下：

（1）国家出台减负政策，取消不合理的收费，实行内河航运企业燃油税先征后返还补偿的政策。

（2）深化改革过程中，对自愿兼并困难企业组建航运集团及有限责任公司的企业实行挂账免息停息政策。

（3）鼓励内河航运企业提高专业化水平，国家给予航运企业科技创新和技改贷款优惠政策。

（4）搭建好金融业务平台，鼓励企业实行金融企业联合，大力发展港航、货主合作联盟服务，提供企业业务发展、资金融合支撑，推进全程物流的业务支撑。

（5）逐步提高行业技术和环保标准，形成必要的市场进入技术壁垒，减少低水平过度竞争。

附　录　A

中华人民共和国航道法

（2014 年 12 月 28 日第十二届全国人民代表大会常务委员会第十二次会议通过）

第一章　总　　则

第一条　为了规范和加强航道的规划、建设、养护、保护，保障航道畅通和安全，促进水路运输发展，制定本法。

第二条　本法所称航道，是指中华人民共和国领域内的江河、湖泊等内陆水域中可以供船舶通航的通道，以及内海、领海中经建设、养护可以供船舶通航的通道。航道包括通航建筑物、航道整治建筑物和航标等航道设施。

第三条　规划、建设、养护、保护航道，应当根据经济社会发展和国防建设的需要，遵循综合利用和保护水资源、保护生态环境的原则，服从综合交通运输体系建设和防洪总体安排，统筹兼顾供水、灌溉、发电、渔业等需求，发挥水资源的综合效益。

第四条　国务院和有关县级以上地方人民政府应当加强对航道工作的领导，组织、协调、督促有关部门采取措施，保持和改善航道通航条件，保护航道安全，维护航道网络完整和畅通。

国务院和有关县级以上地方人民政府应当根据经济社会发展水平和航道建设、养护的需要，在财政预算中合理安排航道建设和养护资金。

第五条　国务院交通运输主管部门主管全国航道管理工作，并按照国务院的规定直接管理跨省、自治区、直辖市的重要干线航道和国际、国境河流航道等重要航道。

县级以上地方人民政府交通运输主管部门按照省、自治区、直辖市人民政府的规定主管所辖航道的管理工作。

国务院交通运输主管部门按照国务院规定设置的负责航道管理的机构和县级以上地方人民政府负责航道管理的部门或者机构（以下统称负责航道管理的部门），

承担本法规定的航道管理工作。

第二章 航道规划

第六条 航道规划分为全国航道规划、流域航道规划、区域航道规划和省、自治区、直辖市航道规划。

航道规划应当包括航道的功能定位、规划目标、发展规划技术等级、规划实施步骤以及保障措施等内容。

航道规划应当符合依法制定的流域、区域综合规划，符合水资源规划、防洪规划和海洋功能区划，并与涉及水资源综合利用的相关专业规划以及依法制定的城乡规划、环境保护规划等其他相关规划和军事设施保护区划相协调。

第七条 航道应当划分技术等级。航道技术等级包括现状技术等级和发展规划技术等级。航道发展规划技术等级根据相关自然条件以及防洪、供水、水资源保护、生态环境保护要求和航运发展需求等因素评定。

第八条 全国航道规划由国务院交通运输主管部门会同国务院发展改革部门、国务院水行政主管部门等部门编制，报国务院批准公布。流域航道规划、区域航道规划由国务院交通运输主管部门编制并公布。

省、自治区、直辖市航道规划由省、自治区、直辖市人民政府交通运输主管部门会同同级发展改革部门、水行政主管部门等部门编制，报省、自治区、直辖市人民政府会同国务院交通运输主管部门批准公布。

编制航道规划应当征求有关部门和有关军事机关的意见，并依法进行环境影响评价。涉及海域、重要渔业水域的，应当有同级海洋主管部门、渔业行政主管部门参加。编制全国航道规划和流域航道规划、区域航道规划应当征求相关省、自治区、直辖市人民政府的意见。

流域航道规划、区域航道规划和省、自治区、直辖市航道规划应当符合全国航道规划。

第九条 依法制定并公布的航道规划应当依照执行；航道规划确需修改的，依照规划编制程序办理。

第三章 航道建设

第十条 新建航道以及为改善航道通航条件而进行的航道工程建设，应当遵守法律、行政法规关于建设工程质量管理、安全管理和生态环境保护的规定，符合航道规划，执行有关的国家标准、行业标准和技术规范，依法办理相关手续。

第十一条 航道建设单位应当根据航道建设工程的技术要求，依法通过招标等方式选择具有相应资质的勘察、设计、施工和监理单位进行工程建设，对工程质量和安全进行监督检查，并对工程质量和安全负责。

从事航道工程建设的勘察、设计、施工和监理单位，应当依照法律、行政法规的规定取得相应的资质，并在其资质等级许可的范围内从事航道工程建设活动，依法对勘察、设计、施工、监理的质量和安全负责。

第十二条 有关县级以上人民政府交通运输主管部门应当加强对航道建设工程质量和安全的监督检查，保障航道建设工程的质量和安全。

第十三条 航道建设工程竣工后，应当按照国家有关规定组织竣工验收，经验收合格方可正式投入使用。

航道建设单位应当自航道建设工程竣工验收合格之日起60日内，将竣工测量图报送负责航道管理的部门。沿海航道的竣工测量图还应当报送海军航海保证部门。

第十四条 进行航道工程建设应当维护河势稳定，符合防洪要求，不得危及依法建设的其他工程或者设施的安全。因航道工程建设损坏依法建设的其他工程或者设施的，航道建设单位应当予以修复或者依法赔偿。

第四章 航 道 养 护

第十五条 国务院交通运输主管部门应当制定航道养护技术规范。

负责航道管理的部门应当按照航道养护技术规范进行航道养护，保证航道处于良好通航技术状态。

第十六条 负责航道管理的部门应当根据航道现状技术等级或者航道自然条件确定并公布航道维护尺度和内河航道图。

航道维护尺度是指航道在不同水位期应当保持的水深、宽度、弯曲半径等技术要求。

第十七条 负责航道管理的部门应当按照国务院交通运输主管部门的规定对航道进行巡查，发现航道实际尺度达不到航道维护尺度或者有其他不符合保证船舶通航安全要求的情形，应当进行维护，及时发布航道通告并通报管理机构。

第十八条 海事管理机构发现航道损毁等危及通航安全的情形，应当及时通报负责航道管理的部门，并采取必要的安全保障措施。

其他单位和人员发现航道损毁等危及通航安全的情形，应当及时报告负责航道管理的部门或者海事管理机构。

第十九条 负责航道管理的部门应当合理安排航道养护作业，避免限制通航的集中作业和在通航高峰期作业。

负责航道管理的部门进行航道疏浚、清障等影响通航的航道养护活动，或者确需限制通航的养护作业的，应当设置明显的作业标志，采取必要的安全措施，并提前通报海事管理机构，保证过往船舶通行以及依法建设的工程设施的安全。养护作业结束后，应当及时清除影响航道通航条件的作业标志及其他残留物，恢复正常通航。

第二十条 进行航道养护作业可能造成航道堵塞的，有关负责航道管理的部门应当会同海事管理机构事先通报相关区域负责航道管理的部门和海事管理机构，共同制定船舶疏导方案，并向社会公告。

第二十一条 因自然灾害、事故灾难等突发事件造成航道损坏、阻塞的，负责航道管理的部门应当按照突发事件应急预案尽快修复抢通；必要时由县级以上人民政府组织尽快修复抢通。

船舶、设施或者其他物体在航道水域中沉没，影响航道畅通和通航安全的，其所有人或者经营人应当立即报告负责航道管理的部门和海事管理机构，按照规定自行或者委托负责航道管理的部门或者海事管理机构代为设置标志，并应当在海事管理机构限定的时间内打捞清除。

第二十二条 航标的设置、养护、保护和管理，依照有关法律、行政法规和国家标准或者行业标准的规定执行。

第二十三条 部队执行任务、战备训练需要使用航道的，负责航道管理的部门应当给予必要的支持和协助。

第五章 航 道 保 护

第二十四条 新建、改建、扩建（以下统称建设）跨越、穿越航道的桥梁、隧道、管道、缆线等建筑物、构筑物，应当符合该航道发展规划技术等级对通航净高、净宽、埋设深度等航道通航条件的要求。

第二十五条 在通航河流上建设永久性拦河闸坝，建设单位应当按照航道发展规划技术等级建设通航建筑物。通航建筑物应当与主体工程同步规划、同步设计、同步建设、同步验收、同步投入使用。

闸坝建设期间难以维持航道原有通航能力的，建设单位应当采取修建临时航道、安排翻坝转运等补救措施，所需费用由建设单位承担。

在不通航河流上建设闸坝后可以通航的，闸坝建设单位应当同步建设通航建筑物或者预留通航建筑物位置，通航建筑物建设费用除国家另有规定外，由交通运输主管部门承担。

通航建筑物的运行应当适应船舶通行需要，运行方案应当经负责航道管理的部门同意并公布。通航建筑物的建设单位或者管理单位应当按照规定维护保养通航建筑物，保持其正常运行。

第二十六条 在航道保护范围内建设临河、临湖、临海建筑物或者构筑物，应当符合该航道通航条件的要求。

航道保护范围由县级以上地方人民政府交通运输主管部门会同水行政主管部门或者流域管理机构、国土资源主管部门根据航道发展规划技术等级和航道保护实际需要划定，报本级人民政府批准公布。国务院交通运输主管部门直接管理的航道的航道保护范围，由国务院交通运输主管部门会同国务院水行政主管部门、国务院国土资源主管部门和有关省、自治区、直辖市人民政府划定公布。航道保护范围涉及海域、重要渔业水域的，还应当分别会同同级海洋主管部门、渔业行政主管部门划定。

第二十七条 建设本法第二十四条、第二十五条第一款、第二十六条第一款规定的工程（以下统称与航道有关的工程），除依照法律、行政法规或者国务院规定进行的防洪、供水等特殊工程外，不得因工程建设降低航道通航条件。

第二十八条 建设与航道有关的工程，建设单位应当在工程可行性研究阶段就建设项目对航道通航条件的影响作出评价，并报送有审核权的交通运输主管部门或者航道管理机构审核，但下列工程除外：

（一）临河、临湖的中小河流治理工程；

（二）不通航河流上建设的水工程；

（三）现有水工程的水毁修复、除险加固、不涉及通航建筑物和不改变航道原通航条件的更新改造等不影响航道通航条件的工程。

建设单位报送的航道通航条件影响评价材料不符合本法规定的，可以进行补充或者修改，重新报送审核部门审核。

未进行航道通航条件影响评价或者经审核部门审核认为建设项目不符合本法规定的，负责建设项目审批或者核准的部门不予批准、核准，建设单位不得建设。

第二十九条 国务院或者国务院有关部门批准、核准的建设项目，以及与国务院交通运输主管部门直接管理的航道有关的建设项目的航道通航条件影响评价，由国务院交通运输主管部门审核；其他建设项目的航道通航条件影响评价，按照省、自治区、直辖市人民政府的规定由县级以上地方人民政府交通运输主管部门或者航道管理机构审核。

第三十条 航道上相邻拦河闸坝之间的航道通航水位衔接，应当符合国家规定的通航标准和技术要求。位于航道及其上游支流上的水工程，应当在设计、施工和调度运行中统筹考虑下游航道设计最低通航水位所需的下泄流量，但水文条件超出实际标准的除外。

保障下游航道通航所需的最小下泄流量以及满足航道通航条件允许的水位变化的确定，应当征求负责航道管理的部门的意见。

水工程需大幅度减流或者大流量泄水的，应当提前通报负责航道管理的部门和海事管理机构，给船舶避让留出合理的时间。

第三十一条 与航道有关的工程施工影响航道正常功能的，负责航道管理的部门、海事管理机构应当根据需要对航标或者航道的位置、走向进行临时调整；影响消除后应当及时恢复。所需费用由建设单位承担，但因防洪抢险工程引起调整的除外。

第三十二条 与航道有关的工程竣工验收前，建设单位应当及时清除影响航道通航条件的临时设施及其残留物。

第三十三条 与航道有关的工程建设活动不得危及航道安全。

与航道有关的工程建设活动损坏航道的，建设单位应当予以修复或者依法赔偿。

第三十四条 在通航水域上建设桥梁等建筑物，建设单位应当按照国家有关规定和技术要求设置航标等设施，并承担相应费用。

桥区水上航标由负责航道管理的部门、海事管理机构负责管理维护。

第三十五条 禁止下列危害航道通航安全的行为：

（一）在航道内设置渔具或者水产养殖设施的；

（二）在航道和航道保护范围内倾倒砂石、泥土、垃圾以及其他废弃物的；

（三）在通航建筑物及其引航道和船舶调度区内从事货物装卸、水上加油、船舶维修、捕鱼等，影响通航建筑物正常运行的；

（四）危害航道设施安全的；

（五）其他危害航道通航安全的行为。

第三十六条 在河道内采砂，应当依照有关法律、行政法规的规定进行。禁止在河道内依法划定的砂石禁采区采砂、无证采砂、未按批准的范围和作业方式采砂等非法采砂行为。

在航道和航道保护范围内采砂，不得损害航道通航条件。

第三十七条 本法施行前建设的拦河闸坝造成通航河流断航，需要恢复通航且具备建设通航建筑物条件的，由发展改革部门会同水行政主管部门、交通运输主管部门提出恢复通航方案，报本级人民政府决定。

第六章 法 律 责 任

第三十八条 航道建设、勘察、设计、施工、监理单位在航道建设活动中违反本法规定的，由县级以上人民政府交通运输主管部门依照有关招标投标和工程建设管理的法律、行政法规的规定处罚。

第三十九条 建设单位未依法报送航道通航条件影响评价材料而开工建设的，由有审核权的交通运输主管部门或者航道管理机构责令停止建设，限期补办手续，处 3 万元以下的罚款；逾期不补办手续继续建设的，由有审核权的交通运输主管部门或者航道管理机构责令恢复原状，处 20 万元以上 50 万元以下的罚款。

报送的航道通航条件影响评价材料未通过审核，建设单位开工建设的，由有审核权的交通运输主管部门或者航道管理机构责令停止建设、恢复原状，处 20 万元以上 50 万元以下的罚款。

违反航道通航条件影响评价的规定建成的项目导致航道通航条件严重下降的，由前两款规定的交通运输主管部门或者航道管理机构责令限期采取补救措施或者拆除；逾期未采取补救措施或者拆除的，由交通运输主管部门或者航道管理机构代为采取补救措施或者依法组织拆除，所需费用由建设单位承担。

第四十条 与航道有关的工程的建设单位违反本法规定，未及时清除影响航道通航条件的临时设施及其残留物的，由负责航道管理的部门责令限期清除，处 2 万元以下的罚款；逾期仍未清除的，处 3 万元以上 20 万元以下的罚款，并由负责航道管理的部门依法组织清除，所需费用由建设单位承担。

第四十一条 在通航水域上建设桥梁等建筑物，建设单位未按照规定设置航标等设施的，由负责航道管理的部门或者海事管理机构责令改正，处 5 万元以下罚款。

第四十二条 违反本法规定，有下列行为之一的，由负责航道管理的部门责令改正，对单位处 5 万元以下罚款，对个人处 2 000 元以下罚款；造成损失的，依法承担赔偿责任：

（一）在航道内设置渔具或者水产养殖设施的；

（二）在航道和航道保护范围内倾倒砂石、泥土、垃圾以及其他废弃物的；

（三）在通航建筑物及其引航道和船舶调度区内从事货物装卸、水上加油、船舶维修、捕鱼等，影响通航建筑物正常运行的；

（四）危害航道设施安全的；

（五）其他危害航道通航安全的行为。

第四十三条 在河道内依法划定的砂石禁采区采砂、无证采砂、未按批准的范围和作业方式采砂等非法采砂的，依照有关法律、行政法规的规定处罚。

违反本法规定，在航道和航道保护范围内采砂，损害航道通航条件的，由负责航道管理的部门责令停止违法行为，没收违法所得，可以扣押或者没收非法采砂船舶，并处 5 万元以上 30 万元以下罚款；造成损失的，依法承担赔偿责任。

第四十四条 违反法律规定，污染环境、破坏生态或者有其他环境违法行为的，依照《中华人民共和国环境保护法》等法律的规定处罚。

第四十五条 交通运输主管部门以及其他有关部门不依法履行本法规定的职责的，对直接负责的主管人员和其他直接责任人员依法给予处分。

负责航道管理的机构不依法履行本法规定的职责的，由其上级主管部门责令改正，对直接负责的主管人员和其他直接责任人员依法给予处分。

第四十六条 违反本法规定，构成违反治安管理行为的，依法给予治安管理处罚；构成犯罪的，依法追究刑事责任。

第七章 附 则

第四十七条 进出军事港口、渔业港口的专用航道不适用本法。专用航道由专用部门管理。

第四十八条 本法自 2015 年 3 月 1 日起施行。

附　录　B

国务院关于加快长江等内河水运发展的意见

国发〔2011〕2号

各省、自治区、直辖市人民政府，国务院各部委、各直属机构：

我国内河水运资源丰富，改革开放以来特别是近10年来，我国内河水运建设与发展取得了显著成绩，形成了以长江、珠江、京杭运河、淮河、黑龙江和松辽水系为主体的内河水运格局，长江干线已成为世界上运量最大、运输最繁忙的通航河流，对促进流域经济协调发展发挥了重要作用。但是我国内河水运发展水平与国民经济和综合运输体系发展的要求仍然存在较大差距，为进一步发挥水运优势和潜力，现就加快长江等内河水运发展提出以下意见。

一、充分认识加快长江等内河水运发展的重要意义

1. 加快长江等内河水运发展有利于构建现代综合运输体系

内河水运具有运能大、占地少、能耗低等优势，加快发展内河水运，实现水运与公路、铁路、航空、管道等运输方式的有机衔接，发展多式联运，发挥各种运输方式的比较优势和组合效益，有利于优化交通运输结构，降低社会综合物流成本，转变交通运输发展方式，增强国防交通功能，构建现代综合运输体系。

2. 加快长江等内河水运发展有利于调整优化沿江沿河地区产业布局

内河水运在能源、原材料等大宗物资和集装箱、重大装备运输中具有独特优势，加快发展内河水运有利于推动电力、钢铁、汽车等沿江沿河产业带的发展，推动东部地区产业升级和中西部地区承接产业转移，优化流域经济布局和产业结构。

3. 加快长江等内河水运发展有利于促进区域经济协调发展

加快内河水运发展，发挥长江横贯东中西部地区、西江航运干线联结西南与粤港澳地区、京杭运河沟通南北地区水运大通道的重要作用，有利于实现地区间资源、技术、资金等要素的有效利用和优势互补，符合实施西部大开发、中部崛

起和东部率先发展等重大战略要求，对于区域经济协调发展具有重要促进作用。

4. 加快长江等内河水运发展有利于促进节能减排

随着我国经济社会快速发展，资源、环境约束日益加剧，发展交通运输与减少能耗、减少环境污染的矛盾日趋尖锐。大力发展内河水运，有利于加快降低能源资源消耗，发展低碳经济，减少污染物排放，符合建设资源节约型、环境友好型社会的总体要求，对于加快转变经济发展方式具有重要现实意义。

二、指导思想、主要原则和发展目标

1. 指导思想

深入贯彻落实科学发展观，进一步解放思想，把发展内河水运作为建设综合运输体系的重点任务，坚持深化改革，加强统筹规划，强化科学管理，加大投入和建设力度，推进节能减排和技术进步，切实提升内河水运的质量效益和现代化水平，促进产业结构调整和区域经济协调发展。

2. 主要原则

坚持科学发展，合理利用和有效保护水运资源，以市场为导向，突出重点，有序推进，充分发挥水资源综合效益。坚持科学统筹，统筹协调水运、水利、水电发展，统筹协调水运、公路、铁路发展，统筹协调水运资源开发与水生生物资源养护、水生态环境保护。坚持深化改革，创新体制机制，加强各有关部门的协调，充分发挥地方各级人民政府和社会各方面发展内河水运的积极性。坚持科技创新，加强先进适用技术和装备的研发和应用，推进内河水运产业升级和可持续发展。

3. 发展目标

利用10年左右的时间，建成畅通、高效、平安、绿色的现代化内河水运体系，建成比较完备的现代化内河水运安全监管和救助体系，运输效率和节能减排能力显著提高，水运优势与潜力得到充分发挥，对经济发展的带动和促进作用显著增强。2020年，全国内河水运货运量达到30亿t以上，建成1.9万km国家高等级航道，长江干线航道得到系统治理，成为综合运输体系的骨干、对外开放的通道和优势产业集聚的依托。长江等内河主要港口和部分地区重要港口建成规模化、专业化、现代化港区。运输船舶实现标准化、大型化，长江干线运输船舶平均吨位超过2 000t。

三、主要任务

1. 建设畅通的高等级航道

按照内河水运“十二五”规划、《全国内河航道与港口布局规划》以及《长江干线航道总体规划纲要》的要求，加快长江干线航道系统治理，上游1 000吨级航道延伸至水富，适时实施三峡水库库尾航道整治；中游实施荆江河段河势控制和航道治理工程，全面改善通航条件；下游加快实现航道规划标准，巩固长江口12.5m深水航道建设成果，稳步推进长江口12.5m深水航道向上延伸工程。实施西江航运干线扩能工程，加快红水河龙滩、右江百色等枢纽通航设施建设与改造，打通西南地区连接珠江三角洲的水运通道，进一步完善珠江三角洲高等级航道网。大力推进京杭运河和长江三角洲高等级航道网建设。加快实施岷江、嘉陵江、乌江、汉江、江汉运河、湘江、沅水、赣江、信江、合裕线、柳江—黔江、淮河、松花江、闽江等航道建设工程。相应建设其他航道及界河航道，进一步延伸航道通达和覆盖范围。对新建水利水电枢纽和桥梁等基础设施，要充分考虑内河水运发展要求。对已存在碍航、断航问题的内河航道，要在充分论证通航价值和可行性的基础上逐步建设通航设施。

2. 构建高效的内河水运体系

全力推进内河水运发展方式转变，提高内河水运发展质量和效益，形成航道、港口、船舶和支持保障系统协调发展、功能完善、技术先进、运转高效的内河水运体系。发挥港口枢纽作用，加快上海国际航运中心建设，推进武汉长江中游航运中心和重庆长江上游航运中心建设，加快内河主要港口和部分地区重要港口专业化、规模化、现代化港区建设。实施船型标准化，严格船舶更新报废制度，以长江干线、西江航运干线、京杭运河为重点，加快船舶运力结构调整。优化船舶运输组织，促进干支直达和江海直达运输，发展专业化运输，引导水运企业走规模化发展道路，建立健全现代企业制度。加强水运行业人才培养，不断提高从业人员素质，提升水运科技与管理水平，开展航道整治、船型标准化、节能减排等关键技术攻关，推进水运信息化，建设水运公共信息服务系统。加快"电子口岸"建设，推进航运要素集聚和大通关信息资源整合，提高口岸综合服务效率。

3. 保障内河水运平安运行

加快建设长江干线全方位覆盖、全天候运行、具备快速反应能力的现代化水上安全监管和应急救助体系，加强三峡坝区等综合基地建设，完善长江干线基地、站点布局和功能。落实企业的安全生产主体责任和政府的安全监管责任。强化重点水域安全监管，服从防洪调度，积极应对地质灾害和极端气候，建立重大隐患排查、重大危险源监控制度和预警、预报、预防制度，提高航道应急抢通能力，有效降低重大突发事件造成的损失。提高船舶安全性能，加强船舶管理和动态监控，强化内河危险品运输、滚装运输、水上客运和渡运的安全监管、应急处置和治安防控能力建设。

4. 实现内河水运绿色发展

在航道、港口工程建设和运行中，按照生态功能区划和水功能区划要求，更加注重保护水生态环境，依法保护饮用水水源地和水生生物保护区、关键栖息地，严格进行环境影响评价，落实环境保护和生态补偿措施。推广先进适用的港口装卸工艺和装备，有效降低港口生产环节的能源消耗和污染排放。加强船舶流动源污染控制，推动船舶防污设备配置，对新建内河运输船舶安装油污水处理（或储纳）和生活污水、垃圾收集设施，建设船舶污染监视监测系统，防止发生重大污染事故。建立内河水运污染事故应急响应机制，配备污染应急处理设备，提高快速反应和处置能力。建设船舶生活垃圾和油污水的岸上接收处理设施。严格执行和逐步提高船舶排放标准，2013 年 1 月 1 日起，禁止生活污水排放达不到规范要求的客船（含载货汽车滚装船）以及单壳油船、单壳化学品船进入三峡库区。加快淘汰能耗高、污染重、技术落后的老旧船舶。

5. 完善现代综合运输体系

按照现代综合运输体系和现代服务业的发展要求，发挥内河水运的比较优势，与其他运输方式形成优势互补的一体化运输体系。建设以长江干线为主，铁路、公路、航空、管道共同组成的沿江运输大通道。促进高等级公路、铁路与内河港口的无缝衔接，完善港口集疏运体系，发展多式联运，延伸港口服务腹地范围。依托内河主要港口，科学规划建设物流园区和海关特殊监管区域，拓展港口配送、加工、商贸、金融、保险、船舶贸易、航运交易等现代综合服务功能，发展现代物流。

6. 带动流域经济社会发展

注重发挥长江、西江、京杭运河等内河航运干线跨区域、通江达海、物流成本低的优势，积极发展有特色的临港产业开发园区，促进优势产业向园区集聚，带动内河水运需求的稳步增长。以畅通的航道为基础，高效的服务为支撑，平安、绿色的水运体系为保障，推动沿江沿河新型工业化布局和产业结构调整优化，服务中西部地区承接产业转移，促进区域经济社会协调发展。

四、保障措施

1. 加强规划指导

把加快长江等内河水运发展作为一项重点任务，列入各级国民经济和社会发展五年规划，切实加强统筹协调，积极有序推进。全面落实《全国内河航道与港口布局规划》和《长江干线航道总体规划纲要》，做好内河水运“十二五”规划编制工作，明确发展重点，建立项目储备，抓紧组织实施，同时做好与水利、土地利用等规划的衔接和协调。在编制区域发展规划和修订流域综合规划过程中，要统筹水资源综合利用，充分考虑内河水运发展要求。

2. 加大资金投入

各级人民政府要进一步加大对内河水运建设和维护的投入，国家将继续增加投资，加强航道、支持保障系统和中西部地区内河港口等基础设施建设，并安排一定资金，引导船型标准化和提前淘汰老旧运输船舶。地方各级人民政府要积极安排财政性资金用于内河水运建设，并根据建设需要逐步扩大资金规模。鼓励和支持港航企业发行股票和企业债券，建设港口码头及物流园区。深化支持内河水运发展的金融政策研究，积极引导外资和民间资本投资内河水运基础设施建设和养护维护。

3. 完善法律法规

建立和完善内河水运发展有关法律法规体系，加快出台航道法，完善水运管理相关法规，加快制定促进水运发展的地方性法规和政府规章，依法保护内河水运资源，维护内河水运合法权益，规范部门、地方和企业的行为。

4. 保护岸线资源

加强内河港口布局规划、总体规划编制工作，科学制定港口岸线利用规划方案，保障内河港口可持续发展。强化规划实施监管，严格港口岸线使用审批，鼓励发展专业化、规模化公用港区，保障港口岸线资源有序开发和合理利用。切实保护港口岸线资源，未依法取得岸线使用许可的，不得开工建设码头设施。

国务院有关部门要根据各自职能分工，加强协调配合，认真贯彻落实本意见提出的各项任务，切实做好规划编制、资金支持、项目审批、体制创新、人才培养、制定配套政策措施等各项工作。同时要加强指导监督，及时研究新情况，协调解决相关问题。沿江沿河省（区、市）人民政府，要加强领导，因地制宜，制定具体落实方案，抓好组织实施，共同推进内河水运又好又快发展。

国务院

2011 年 1 月 21 日

附 录 C

国务院关于依托黄金水道推动长江经济带发展的指导意见

国发〔2014〕39 号

各省、自治区、直辖市人民政府，国务院各部委、各直属机构：

长江是货运量位居全球内河第一的黄金水道，长江通道是我国国土空间开发最重要的东西轴线，在区域发展总体格局中具有重要战略地位。依托黄金水道推动长江经济带发展，打造中国经济新支撑带，是党中央、国务院审时度势，谋划中国经济新棋局作出的既利当前又惠长远的重大战略决策。为进一步开发长江黄金水道，加快推动长江经济带发展，现提出以下意见。

一、重大意义和总体要求

长江经济带覆盖上海、江苏、浙江、安徽、江西、湖北、湖南、重庆、四川、云南、贵州等 11 省市，面积约 205 万 km^2，人口和生产总值均超过全国的 40%。长江经济带横跨我国东中西三大区域，具有独特优势和巨大发展潜力。改革开放以来，长江经济带已发展成为我国综合实力最强、战略支撑作用最大的区域之一。在国际环境发生深刻变化、国内发展面临诸多矛盾的背景下，依托黄金水道推动长江经济带发展，有利于挖掘中上游广阔腹地蕴含的巨大内需潜力，促进经济增长空间从沿海向沿江内陆拓展；有利于优化沿江产业结构和城镇化布局，推动我国经济提质增效升级；有利于形成上中下游优势互补、协作互动格局，缩小东中西部地区发展差距；有利于建设陆海双向对外开放新走廊，培育国际经济合作竞争新优势；有利于保护长江生态环境，引领全国生态文明建设，对于全面建成小康社会，实现中华民族伟大复兴的中国梦具有重要现实意义和深远战略意义。

1. 指导思想

以邓小平理论、“三个代表”重要思想、科学发展观为指导，深入贯彻党的十八大和十八届二中、三中全会精神，认真落实党中央和国务院的决策部署，充分发挥市场配置资源的决定性作用，更好发挥政府规划和政策的引导作用，以改革激发活力、以创新增强动力、以开放提升竞争力，依托长江黄金水道，高起点高水平建设综合交通运输体系，推动上中下游地区协调发展、沿海沿江沿边全面开放，构建横贯东西、辐射南北、通江达海、经济高效、生态良好的长江经济带。

2. 基本原则

(1) 改革引领、创新驱动。坚持制度创新、科技创新，推动重点领域改革先行先试。健全技术创新市场导向机制，增强市场主体创新能力，促进创新资源综合集成，建设统一开放、竞争有序的现代市场体系。

(2) 通道支撑、融合发展。以沿江综合运输大通道为支撑，促进上中下游要素合理流动、产业分工协作。着力推进信息化和工业化深度融合，积极引导沿江城镇布局与产业发展有机融合，持续增强区域现代农业、特色农业优势。

(3) 海陆统筹、双向开放。深化向东开放，加快向西开放，统筹沿海内陆开放，扩大沿边开放。更好推动“引进来”和“走出去”相结合，更好利用国际国内两个市场、两种资源，构建开放型经济新体制，形成全方位开放新格局。

(4) 江湖和谐、生态文明。建立健全最严格的生态环境保护和水资源管理制度，加强长江全流域生态环境监管和综合治理，尊重自然规律及河流演变规律，协调好江河湖泊、上中下游、干流支流关系，保护和改善流域生态服务功能，推动流域绿色循环低碳发展。

3. 战略定位

(1) 具有全球影响力的内河经济带。发挥长江黄金水道的独特作用，构建现代化综合交通运输体系，推动沿江产业结构优化升级，打造世界级产业集群，培育具有国际竞争力的城市群，使长江经济带成为充分体现国家综合经济实力、积极参与国际竞争与合作的内河经济带。

(2) 东中西互动合作的协调发展带。立足长江上中下游地区的比较优势，统筹人口分布、经济布局与资源环境承载能力，发挥长江三角洲地区的辐射引领作用，促进中上游地区有序承接产业转移，提高要素配置效率，激发内生发展活力，使长江经济带成为推动我国区域协调发展的示范带。

(3)沿海沿江沿边全面推进的对内对外开放带。用好海陆双向开放的区位资源，创新开放模式，促进优势互补，培育内陆开放高地，加快同周边国家和地区基础设施互联互通，加强与丝绸之路经济带、海上丝绸之路的衔接互动，使长江经济带成为横贯东中西、连接南北方的开放合作走廊。

(4) 生态文明建设的先行示范带。统筹江河湖泊丰富多样的生态要素，推进长江经济带生态文明建设，构建以长江干支流为经脉、以山水林田湖为有机整体，江湖关系和谐、流域水质优良、生态流量充足、水土保持有效、生物种类多样的生态安全格局，使长江经济带成为水清地绿天蓝的生态廊道。

二、提升长江黄金水道功能

充分发挥长江运能大、成本低、能耗少等优势，加快推进长江干线航道系统治理，整治浚深下游航道，有效缓解中上游瓶颈，改善支流通航条件，优化港口功能布局，加强集疏运体系建设，发展江海联运和干支直达运输，打造畅通、高效、平安、绿色的黄金水道。

1. 增强干线航运能力

加快实施重大航道整治工程，下游重点实施12.5m深水航道延伸至南京工程；中游重点实施荆江河段航道整治工程，加强航道工程模型试验研究；上游重点研究实施重庆至宜宾段航道整治工程。加快推进内河船型标准化，研究推广三峡船型和江海直达船型，鼓励发展节能环保船舶。

2. 改善支流通航条件

积极推进航道整治和梯级渠化，提高支流航道等级，形成与长江干线有机衔接的支线网络。加快信江、赣江、江汉运河、汉江、沅水、湘江、乌江、岷江等高等级航道建设，研究论证合裕线、嘉陵江高等级航道建设和金沙江攀枝花至水富段航运资源开发。抓紧实施京杭运河航道建设和船闸扩能工程，系统建设长江三角洲地区高等级航道网络，统筹推进其他支流航道建设。

3. 优化港口功能布局

促进港口合理布局，加强分工合作，推进专业化、规模化和现代化建设，大力发展现代航运服务业。加快上海国际航运中心、武汉长江中游航运中心、重庆长江上游航运中心和南京区域性航运物流中心建设。提升上海港、宁波—舟山港、江苏沿江港口功能，加快芜湖、马鞍山、安庆、九江、黄石、荆州、宜昌、岳阳、泸州、宜宾等港口建设，完善集装箱、大宗散货、汽车滚装及江海中转运输系统。

4. 加强集疏运体系建设

以航运中心和主要港口为重点，加快铁路、高等级公路与重要港区的连接线建设，强化集疏运服务功能，提升货物中转能力和效率，有效解决“最后1km”问题。推进港口与沿江开发区、物流园区的通道建设，拓展港口运输服务的辐射范围。

5. 扩大三峡枢纽通过能力

挖掘三峡及葛洲坝既有船闸潜力，完善公路翻坝转运系统，推进铁路联运系统建设，建设三峡枢纽货运分流的油气管道，积极实施货源地分流。加快三峡枢纽水运新通道和葛洲坝枢纽水运配套工程前期研究工作。

6. 健全智能服务和安全保障系统

完善长江航运等智能化信息系统，推进多种运输方式综合服务信息平台建设，实现运输信息系统互联互通。加强多部门信息共享，建设长江干线全方位覆盖、全天候运行、具备快速反应能力的水上安全监管和应急救助体系。

7. 合理布局过江通道

统筹规划建设过江通道，加强隧道桥梁方案比选论证工作，充分利用江上和水下空间，推进铁路、公路、城市交通合并过江；优化整合渡口渡线，加强渡运安全管理，促进过江通道与长江航运、防洪安全和生态环境的协调发展。

三、建设综合立体交通走廊

依托长江黄金水道，统筹铁路、公路、航空、管道建设，加强各种运输方式的衔接和综合交通枢纽建设，加快多式联运发展，建成安全便捷、绿色低碳的综合立体交通走廊，增强对长江经济带发展的战略支撑力。

1. 形成快速大能力铁路通道

建设上海经南京、合肥、武汉、重庆至成都的沿江高速铁路和上海经杭州、南昌、长沙、贵阳至昆明的沪昆高速铁路，连通南北高速铁路和快速铁路，形成覆盖 50 万人口以上城市的快速铁路网。改扩建沿江大能力普通铁路，规划建设衢州至丽江铁路，提升沪昆铁路既有运能，形成覆盖 20 万人口以上城市客货共线的普通铁路网。

2. 建设高等级广覆盖公路网

以上海至成都、上海至重庆、上海至昆明、杭州至瑞丽等国家高速公路为重点，建成连通重点区域、中心城市、主要港口和重要边境口岸的高速公路网络。提高国省干线公路技术等级和安全服务水平，普通国道二级及以上公路比重达到 80% 以上。加快县乡连通路、资源开发路、旅游景区路、山区扶贫路建设，实现具备条件的乡镇、建制村通沥青（水泥）路。

3. 推进航空网络建设

加快上海国际航空枢纽建设，强化重庆、成都、昆明、贵阳、长沙、武汉、南京、杭州等机场的区域枢纽功能，发挥南昌、合肥、宁波、无锡等干线机场作用，推进支线机场建设，形成长江上、中、下游机场群。完善航线网络，提高主要城市间航班密度，增加国际运输航线。深化空域管理改革，大力发展通用航空。依托空港资源，发展临空经济。

4. 完善油气管道布局

统筹油气运输通道和储备系统建设，合理布局沿江管网设施。加强长江三角洲向内陆地区、沿江地区向腹地辐射的原油和成品油输送管道建设，完善区域性油气管网，加快互联互通，形成以沿江干线管道为主轴，连接沿江城市群的油气供应保障体系。

5. 建设综合交通枢纽

按照“零距离换乘、无缝化衔接”要求，加强水运、铁路、公路、航空和管道的有机衔接，建设和完善能力匹配的集疏运系统。加快建设上海、南京、连云港、徐州、合肥、杭州、宁波、武汉、长沙、南昌、重庆、成都、昆明、贵阳等14个全国性综合交通枢纽，有序发展区域性综合交通枢纽，提高综合交通运输体系的运行效率，增强对产业布局的引导和城镇发展的支撑作用。

6. 加快发展多式联运

抓紧制定标准规范，培育多式联运经营人，鼓励发展铁水、公水、空铁等多式联运，提高集装箱和大宗散货铁水联运比重。加快智能物流网络建设，增强沿江物流园区综合服务功能，培育壮大现代物流企业，形成若干区域性物流中心，提高物流效率，降低物流成本。

四、创新驱动、促进产业转型升级

顺应全球新一轮科技革命和产业变革趋势，推动沿江产业由要素驱动向创新驱动转变，大力发展战略性新兴产业，加快改造提升传统产业，大幅提高服务业比重，引导产业合理布局和有序转移，培育形成具有国际水平的产业集群，增强长江经济带产业竞争力。

1. 增强自主创新能力

强化企业的技术创新主体地位，引导创新资源向企业集聚，培育若干领军企业。设立新兴产业创业投资基金，激发中小企业创新活力。深化产学研合作，鼓励发展产业技术创新战略联盟。在统筹考虑现状和优化整合科技资源的前提下，布局一批国家工程中心（实验室）和企业技术中心。运用市场化机制探索建立新型科研机构，推动设立知识产权法院。深化科技成果使用、处置和收益权改革。发挥上海张江、武汉东湖自主创新示范区和合芜蚌（合肥、芜湖、蚌埠）自主创新综合试验区的引领示范作用，推进长株潭自主创新示范区建设，推进攀西战略资源创新开发。研究制定长江经济带创新驱动产业转型升级方案。

2. 推进信息化与产业融合发展

支持沿江地区加快新一代信息基础设施建设，完善上海、南京、武汉、重庆、成都等骨干节点，进一步加强网间互联互通，增加中上游地区光缆路由密度。大力推进有线和无线宽带接入网建设，扩大4G（第四代移动通信）网络覆盖范围。

推进沿江下一代互联网示范城市建设，优化布局数据中心，继续完善上海、云南面向国际的陆海缆建设。充分利用互联网、物联网、大数据、云计算、人工智能等新一代信息技术改造提升传统产业，培育形成新兴产业，推动生产组织、企业管理、商业运营模式创新。推动沿江国家电子商务示范城市建设，加快农业、制造业和服务业的电子商务应用。

3. 培育世界级产业集群

以沿江国家级、省级开发区为载体，以大型企业为骨干，打造电子信息、高端装备、汽车、家电、纺织服装等世界级制造业集群，建设具有国际先进水平的长江口造船基地和长江中游轨道交通装备、工程机械制造基地，突破核心关键技术，培育知名自主品牌。在沿江布局一批战略性新兴产业集聚区、国家高技术产业基地和国家新型工业化产业示范基地。推动石化、钢铁、有色金属等产业转型升级，促进沿江炼化一体化和园区化发展，提升油品质量，加快钢铁、有色金属产品结构调整，淘汰落后产能。

4. 加快发展现代服务业

改革服务业发展体制，创新发展模式和业态，扩大服务业对内对外开放，放宽外资准入限制。围绕服务实体经济，优先发展金融保险、节能环保、现代物流、航运服务等生产性服务业；围绕满足居民需求，加快发展旅游休闲、健康养老、家庭服务、文化教育等生活性服务业。依托国家高技术服务业基地，发展信息技术、电子商务、研发设计、知识产权、检验检测、认证认可等服务产业。积极推动区域中心城市逐步形成以服务业为主的产业结构。充分发挥长江沿线各地独具特色的历史文化、自然山水和民俗风情等优势，打造旅游城市、精品线路、旅游景区、旅游度假休闲区和生态旅游目的地，大力发展特色旅游业，把长江沿线培育成为国际黄金旅游带。

5. 打造沿江绿色能源产业带

积极开发利用水电，在做好环境保护和移民安置的前提下，以金沙江、雅砻江、大渡河、澜沧江等为重点，加快水电基地和送出通道建设，扩大向下游地区送电规模。加快内蒙古西部至华中煤运通道建设，在中游地区适度规划布局大型高效清洁燃煤电站，增加电力、天然气等输入能力。研究制定新城镇新能源新生活行动计划，大力发展分布式能源、智能电网、绿色建筑和新能源汽车，推进能源生产和消费方式变革。立足资源优势，创新体制机制，推进页岩气勘查开发，通过竞争等方式出让页岩气探矿权，建设四川长宁—威远、滇黔北、重庆涪陵等国家级页岩气综合开发示范区。稳步推进沿海液化天然气接收站建设，统筹利用国内外天然气，提高居民用气水平。

6. 提升现代农业和特色农业发展水平

保护和利用好长江流域宝贵农业资源，推进农产品主产区特别是农业优势产业带和特色产业带建设，建设一批高水平现代农业示范区，推进国家有机食品生产基地建设，着力打造现代农业发展先行区。上游地区立足山多草多林多地少的资源条件，在稳定优势农产品生产的基础上，大力发展以草食畜牧业为代表的特色生态农业和以自然生态区、少数民族地区为代表的休闲农业与乡村旅游。中游地区立足农业生产条件较好、耕地资源丰富的基础，强化粮食、水产品等重要农产品供给保障能力，提高农业机械化水平，积极发展现代种业，打造粮食生产核心区和主要农产品优势区。下游地区立足人均耕地资源少、资本技术人才资源优势，在稳定粮食生产的同时，大力发展高效精品农业和都市农业，加快推进标准化生产和集约化品牌化经营。

7. 引导产业有序转移和分工协作

按照区域资源禀赋条件、生态环境容量和主体功能定位，促进产业布局调整和集聚发展。在着力推动下游地区产业转型升级的同时，依托中上游地区广阔腹地，增强基础设施和产业配套能力，引导具有成本优势的资源加工型、劳动密集型产业和具有市场需求的资本、技术密集型产业向中上游地区转移。支持和鼓励开展产业园区战略合作，建立产业转移跨区域合作机制，以中上游地区国家级、省级开发区为载体，建设承接产业转移示范区和加工贸易梯度转移承接地，推动产业协同合作、联动发展。借鉴负面清单管理模式，加强对产业转移的引导，促进中上游特别是三峡库区产业布局与区域资源生态环境相协调，防止出现污染转移和环境风险聚集，避免低水平重复建设。

五、全面推进新型城镇化

按照沿江集聚、组团发展、互动协作、因地制宜的思路，推进以人为核心的新型城镇化，优化城镇化布局和形态，增强城市可持续发展能力，创新城镇化发展体制机制，全面提高长江经济带城镇化质量。

1. 优化沿江城镇化格局

以沿江综合运输大通道为轴线，以长江三角洲、长江中游和成渝三大跨区域城市群为主体，以黔中和滇中两大区域性城市群为补充，以沿江大中小城市和小城镇为依托，促进城市群之间、城市群内部的分工协作，强化基础设施建设和联通，优化空间布局，推动产城融合，引导人口集聚，形成集约高效、绿色低碳的新型城镇化发展格局。

2. 提升长江三角洲城市群国际竞争力

促进长江三角洲一体化发展，打造具有国际竞争力的世界级城市群。充分发挥上海国际大都市的龙头作用，加快国际金融、航运、贸易中心建设。提升南京、杭州、合肥都市区的国际化水平。推进苏南现代化建设示范区、浙江舟山群岛新区、浙江海洋经济发展示范区、皖江承接产业转移示范区、皖南国际文化旅游示范区建设和通州湾江海联动开发。优化提升沪宁合（上海、南京、合肥）、沪杭（上海、杭州）主轴带功能，培育壮大沿江、沿海、杭湖宁（杭州、湖州、南京）、杭绍甬舟（杭州、绍兴、宁波、舟山）等发展轴带。合理划定中心城市边界，保护城郊农业用地和绿色开敞空间，控制特大城市过度蔓延扩张。

3. 培育发展长江中游城市群

增强武汉、长沙、南昌中心城市功能，促进三大城市组团之间的资源优势互补、产业分工协作、城市互动合作，把长江中游城市群建设成为引领中部地区崛起的核心增长极和资源节约型、环境友好型社会示范区。优化提升武汉城市圈辐射带动功能，开展武汉市国家创新型城市试点，建设中部地区现代服务业中心。加快推进环长株潭城市群建设，提升湘江新区和湘北湘南中心城市发展水平。培育壮大环鄱阳湖城市群，促进南昌、九江一体化和赣西城镇带发展。建设鄱阳湖、洞庭湖生态经济区。

4. 促进成渝城市群一体化发展

提升重庆、成都中心城市功能和国际化水平，发挥双引擎带动和支撑作用，推进资源整合与一体发展，把成渝城市群打造成为现代产业基地、西部地区重要经济中心和长江上游开放高地，建设深化内陆开放的试验区和统筹城乡发展的示范区。重点建设成渝主轴带和沿长江、成绵乐（成都、绵阳、乐山）等次轴带，加快重庆两江新区开发开放，推动成都天府新区创新发展。

5. 推动黔中和滇中区域性城市群发展

增强贵阳产业配套和要素集聚能力，重点建设遵义—贵阳—安顺主轴带，推动贵安新区成为内陆开放型经济示范区，重要的能源资源深加工、特色轻工业和民族文化旅游基地，推进大数据应用服务基地建设，打造西部地区新的经济增长极和生态文明建设先行区。提升昆明面向东南亚、南亚开放的中心城市功能，重点建设曲靖—昆明—楚雄、玉溪—昆明—武定发展轴，推动滇中产业集聚区发展，建设特色资源深加工基地和文化旅游基地，打造面向西南开放重要桥头堡的核心区和高原生态宜居城市群。

6. 科学引导沿江城市发展

依托近山傍水的自然生态环境，合理确定城市功能布局和空间形态，促进城市建设与山脉水系相互融合，建设富有江城特色的宜居城市。加强城区河湖水域岸线管理。集聚科技创新要素，节约集约利用资源，提升信息化水平。延续城市历史文脉，推进创新城市、绿色城市、智慧城市、人文城市建设。加强公共交通、防洪排涝等基础设施建设，提高教育、医疗等公共服务水平，提高承载能力。

7. 强化城市群交通网络建设

充分利用区域运输通道资源，重点加快城际铁路建设，形成与新型城镇化布局相匹配的城际交通网络。长江三角洲城市群要建设以上海为中心，南京、杭州、合肥为副中心，“多三角、放射状”的城际交通网络；长江中游城市群要建设以武汉、长沙、南昌为中心的“三角形、放射状”城际交通网络；成渝城市群要建设以重庆、成都为中心的“一主轴、放射状”城际交通网络，实现城市群内中心城市之间、中心城市与节点城市之间 1 ～ 2h 通达。建设黔中、滇中城际交通网络，实现省会城市与周边节点城市之间 1 ～ 2h 通达。

8. 创新城镇化发展体制机制

根据上中下游城镇综合承载能力和发展潜力，实施差别化落户政策。下游地区要增强对农业转移人口的吸纳能力，有序推进外来人口市民化；中上游地区要增强产业集聚能力，更多吸纳农业转移人口。建立健全与居住年限等条件相挂钩的基本公共服务提供机制。探索实行城镇建设用地增加规模与农村建设用地减少挂钩、与吸纳农业转移人口落户数量挂钩政策。稳步推进农村宅基地制度改革。开展新型城镇化试点示范，探索建立农业转移人口市民化成本分担机制，构建多元化、可持续的城镇化投融资机制，建立有利于创新行政管理、降低行政成本的设市设区模式。选择具备条件的开发区进行城市功能区转型试点，引导产业和城市同步融合发展。

六、培育全方位对外开放新优势

发挥长江三角洲地区对外开放引领作用，建设向西开放的国际大通道，加强与东南亚、南亚、中亚等国家的经济合作，构建高水平对外开放平台，形成与国际投资、贸易通行规则相衔接的制度体系，全面提升长江经济带开放型经济水平。

1. 发挥上海对沿江开放的引领带动作用

加快建设中国（上海）自由贸易试验区，大力推进投资、贸易、金融、综合监管等领域制度创新，完善负面清单管理模式，打造国际化、法治化的营商环境，建立与国际投资、贸易通行规则相衔接的基本制度框架，形成可复制、可推广的成功经验。通过先行先试、经验推广和开放合作，充分发挥上海对外开放的辐射效应、枢纽功能和示范引领作用，带动长江经济带更高水平开放，增强国际竞争力。

2. 增强云南面向西南开放重要桥头堡功能

提升云南向东南亚、南亚开放的通道功能和门户作用。推进孟中印缅、中老泰等国际运输通道建设，实现基础设施互联互通。推动孟中印缅经济走廊合作，深化参与中国—东盟湄公河流域开发、大湄公河次区域经济合作，率先在口岸、边境城市、边境经济合作区和重点开发开放试验区实施人员往来、加工物流、旅游等方面的特殊政策。将云南建设成为面向西南周边国家开放的试验区和西部省份“走出去”的先行区，提升中上游地区向东南亚、南亚开放水平。

3. 加强与丝绸之路经济带的战略互动

发挥重庆长江经济带西部中心枢纽作用，增强对丝绸之路经济带的战略支撑。发挥成都战略支点作用，把四川培育成为连接丝绸之路经济带的重要纽带。构建多层次对外交通运输通道，加强各种运输方式的有效衔接，形成区域物流集聚效应，打造现代化综合交通枢纽。优化整合向西国际物流资源，提高连云港陆桥通道桥头堡水平，提升“渝新欧”“蓉新欧”“义新欧”等中欧班列国际运输功能，建立中欧铁路通道协调机制，增强对中亚、欧洲等地区进出口货物的吸引能力，着力解决双向运输不平衡问题。加强与沿线国家海关的合作，提高贸易便利化水平。提升江苏、浙江对海上丝绸之路的支撑能力。加快武汉、长沙、南昌、合肥、贵阳等中心城市内陆经济开放高地建设。推进中上游地区与俄罗斯伏尔加河沿岸联邦区合作。

4. 推动对外开放口岸和特殊区域建设

增强沿江沿边开放口岸和特殊区域功能，打造高水平对外开放平台。在中上游地区适当增设口岸及后续监管场所，在有条件的地方增设铁路、内河港口一类开放口岸，推动口岸信息系统互联共享。条件成熟时，在基本不突破原规划面积的前提下，逐步将沿江各类海关特殊监管区域整合为综合保税区，探索使用社会运输工具进行转关作业。在符合全国总量控制目标的前提下，支持具备条件的边境地区按程序申请设立综合保税区，支持符合条件的边境地区设立边境经济合作区和边境旅游合作区，研究完善人员免签、旅游签证等政策。推动境外经济贸易合作区和农业合作区发展，鼓励金融机构在境外开设分支机构并提供融资支持。

5. 构建长江大通关体制

加强内陆海关与沿海沿边口岸海关的协作配合，加强口岸与内陆检验检疫机构的合作，全面推进“一次申报、一次查验、一次放行”模式，实现长江经济带海关区域通关一体化和检验检疫一体化。在有效防控风险前提下，适时扩大启运港退税的启运地、承运企业和运输工具等范围。推进口岸执法部门信息互换、监管互认和执法互助。

七、建设绿色生态廊道

顺应自然，保育生态，强化长江水资源保护和合理利用，加大重点生态功能区保护力度，加强流域生态系统修复和环境综合治理，稳步提高长江流域水质，显著改善长江生态环境。

1. 切实保护和利用好长江水资源

落实最严格水资源管理制度，明确长江水资源开发利用红线、用水效率红线。加强流域水资源统一调度，保障生活、生产和生态用水安全。严格相关规划和建设项目的水资源论证。加强饮用水水源地保护，优化沿江取水口和排污口布局，取缔饮用水水源保护区内的排污口，鼓励各地区建设饮用水应急水源。建设水源地环境风险防控工程，确保城乡饮用水安全。严厉打击河道非法采砂。优化水资源配置格局，加快推进云贵川渝等地区大中型骨干水源工程及配套工程建设。建设沿江、沿河、环湖水资源保护带、生态隔离带，增强水源涵养和水土保持能力。

2. 严格控制和治理长江水污染

明确水功能区限制纳污红线，完善水功能区监督管理制度，科学核定水域纳污容量，严格控制入河（湖）排污总量。大幅削减化学需氧量、氨氮排放量，加大总磷、总氮排放等污染物控制力度。加大沿江化工、造纸、印染、有色等排污行业环境隐患排查和集中治理力度，实行长江干支流沿线城镇污水垃圾全收集全处理，加强农业畜禽、水产养殖污染物排放控制及农村污水垃圾治理，强化水上危险品运输安全环保监管、船舶溢油风险防范和船舶污水排放控制。完善应急救援体系，提高应急处置能力。建立环境风险大、涉及有毒有害污染物排放的产业园区退出或转型机制。加强三峡库区、丹江口库区、洞庭湖、鄱阳湖、长江口及长江源头等水体的水质监测和综合治理，强化重点水域保护，确保流域水质稳步改善。

3. 妥善处理江河湖泊关系

综合考虑防洪、生态、供水、航运和发电等需求，进一步开展以三峡水库为核心的长江上游水库群联合调度研究与实践。加强长江与洞庭湖、鄱阳湖演变与治理研究，论证洞庭湖、鄱阳湖水系整治工程，进行蓄滞洪区的分类和调整研究。完善防洪保障体系，实施长江河道崩岸治理及河道综合整治工程，尽快完成长江流域山洪灾害防治项目，推进长江中下游蓄滞洪区建设及中小河流治理。

4. 加强流域环境综合治理

完善污染物排放总量控制制度，加强二氧化硫、氮氧化物、细颗粒物（$PM_{2.5}$）等主要大气污染物综合防治，严格控制煤炭消费总量。加强挥发性有机物排放重点行业整治，扭转中下游地区、四川盆地等区域性雾霾、酸雨恶化态势，改善沿江城市空气质量。推进农村环境综合整治，降低农药和化肥使用强度，加大土壤污染防治力度，强化重点行业和重点区域重金属污染综合治理。大力推进工业园区污染集中治理和循环化改造，鼓励企业采用清洁生产技术。积极推进城镇污水处理设施和配套污水管网建设，提高现有污水处理设施处理效率。

5. 强化沿江生态保护和修复

坚定不移实施主体功能区制度，率先划定沿江生态保护红线，强化国土空间合理开发与保护，加大重点生态功能区建设和保护力度，构建中上游生态屏障。推进太湖、巢湖、滇池、草海等全流域湿地生态保护与修复工程，加强金沙江、乌江、嘉陵江、三峡库区、汉江、洞庭湖和鄱阳湖水系等重点区域水土流失治理和地质灾害防治，中上游重点实施山地丘陵地区坡耕地治理、退耕还林还草和岩溶地区石漠化治理，中下游重点实施生态清洁小流域综合治理及退田还草还湖还湿。加大沿江天然林草资源保护和长江防护林体系建设力度，加强沿江风景名胜资源保护和山地丘陵地区林草植被保护。加强长江物种及其栖息繁衍场所保护，强化自然保护区和水产种质资源保护区建设和管护。探索建立沿江国家公园。研究制定长江生态环境保护规划。

6. 促进长江岸线有序开发

建立健全长江岸线开发利用和保护协调机制，统筹规划长江岸线资源，严格分区管理和用途管制，合理安排沿江工业与港口岸线、过江通道岸线与取水口岸线，加大生态和生活岸线保护力度。严格河道管理范围内建设项目工程建设方案审查制度。统筹岸线与后方土地的使用和管理，提高岸线资源集约利用水平。依法建立岸线资源有偿使用制度。有效保护岸线原始风貌，利用沿江风景名胜和其他自然人文景观资源，为居民提供便捷舒适亲水空间。

八、创新区域协调发展体制机制

打破行政区划界限和壁垒，加强规划统筹和衔接，形成市场体系统一开放、基础设施共建共享、生态环境联防联治、流域管理统筹协调的区域协调发展新机制。

1. 建立区域互动合作机制

加强国家层面协调指导，统筹研究解决长江经济带发展中的重大问题，建立推动长江经济带发展部际联席会议制度。发挥水利部长江水利委员会、交通运输部长江航务管理局、农业部长江流域渔政监督管理办公室以及环境保护部华东、华南、西南环境保护督查中心等机构作用，协同推进长江防洪、航运、发电、生态环境保护等工作。建立健全地方政府之间协商合作机制，共同研究解决区域合作中的重大事项。充分调动社会力量，建立各类跨地区合作组织。

2. 推进一体化市场体系建设

进一步简政放权，清理阻碍要素合理流动的地方性政策法规，打破区域性市场壁垒，实施统一的市场准入制度和标准，推动劳动力、资本、技术等要素跨区域流动和优化配置。健全知识产权保护机制。推动社会信用体系建设，扩大信息资源开放共享，提高基础设施网络化、一体化服务水平。

3. 加大金融合作创新力度

适时推进符合条件的民间资本在中上游地区发起设立民营银行等中小金融机构。引导区域内符合条件的创新型、创业型、成长型中小企业到全国中小企业股份转让系统挂牌进行股权融资、债权融资、资产重组等。探索创新金融产品，鼓励开展融资租赁服务，支持长江船型标准化建设。鼓励大型港航企业以资本为纽带整合沿江港口和航运资源。鼓励政策性金融机构加大对沿江综合交通体系建设的支持力度。

4. 建立生态环境协同保护治理机制

完善长江环境污染联防联控机制和预警应急体系。鼓励和支持沿江省市共同设立长江水环境保护治理基金，加大对环境突出问题的联合治理力度。按照“谁受益谁补偿”的原则，探索上中下游开发地区、受益地区与生态保护地区试点横向生态补偿机制。依托重点生态功能区开展生态补偿示范区建设。推进水权、碳排放权、排污权交易，推行环境污染第三方治理。

5. 建立公共服务和社会治理协调机制

适应上中下游劳动力转移流动的趋势，加强跨区域职业教育合作和劳务对接，推进统一规范的劳动用工、资格认证和跨区域教育培训等就业服务制度。加大基本养老保险、基本医疗保险等社会保险关系转移接续政策的落实力度。应对长江事故灾难、环境污染、公共卫生等跨区域突发事件，构建协同联动的社会治理机制。建立区域协调配合的安全监管工作机制，加强跨区域重点工程项目的监管，有效预防和减少生产安全事故。完善集中连片特殊困难地区扶贫机制，加大政策支持力度。

附件：长江经济带综合立体交通走廊规划（2014—2020 年）（略）

国务院

2014 年 9 月 12 日

参考文献

[1] 徐浩 . 中国内河航运业物流发展战略探讨 [J]. 经济研究导刊，2012(1).

[2] 交通运输部长江航务管理局 .2014 长江航运发展报告 [M]. 北京：人民交通出版社股份有限公司，2015.

[3] 张贵志 . 长江航道建设上升到国家层面 三峡船闸或是瓶颈 [EB/OL].[2014-06-25].http：//finance.sina.com.cn/china/20140625/031819512287.shtml.

[4] 周国东，等 . 长江干线航道整治建设提速 [EB/OL].[2015-02-02].http：//www.zgsyb.com/htm1/sjzt/291214.html.

[5] 徐培红，董鸿瑜 . 欧美发达国家内河航运发展对长江航运的启示 [J]. 中国水运，2010(1).

[6] 韩继生 . 加快发展港口现代物流促进长江航运可持续发展 [J]. 中国港口，2011(6).

[7] 刘蓉 . 我国内河水运发展投融资策略之创新 [J]. 财会月刊，2011(10).

[8] 邓晓云，高惠君，唐冠军 . 美国内河航运概况 [J]. 水运科学研究，2005.

[9] 杨臣清 . 美国内河 [J]. 中国水运，2008.

[10] 陈良超 . 上半年长江水运生产运行平稳增长 [N]. 中国水运报，2015 -07-31(5).

[11] 谢燮 . 发展内河运输对资源节约、环境友好的贡献 [J]. 水运科学研究，2008.

[12] 王建斌 . 我国内河航运发展战略构想 [J]. 中国水运，2012.

[13] 交通运输部长江航务管理局 .2012 年 4 季度长江航运景气调查报告 [EB/OL].[2013-01-18]. http：//www.cjhy.gov.cn/zhengwufuwu/changjiangzhishu/cjhyjq/201301/t20130118_229101.html.

[14] 交通运输部长江航务管理局 . 2015 年 1 季度长江航运景气调查报告 [EB/OL].[2015-04-22]. http：//www.cjhy.gov.cn/zhengwufuwu/changjiangzhishu/cjhyjq/201504/P020150422577804080543.pdf.

[15] 交通运输部长江航务管理局 . 2015 年 5 月长江集装箱运价指数 [EB/OL].

[2015-05-28].http：//www.cjhy.gov.cn/zhengwufuwu/changjiangzhishu/cjyjzs/201505/t20150528_263511.html.

[16] 王啸雷.三峡工程取得七大航运效益 [N]. 中国水运报，2014-10-24 (1).

[17] 高惠君，等.长江黄金水道对沿江经济社会贡献研究 [R]. 交通运输部水运科学研究院，交通运输部长江航务管理局，2009.

[18] 张旭东.长江中小航运企业现状及发展对策 [J]. 水运管理，2009.

[19] 谢燮，高惠君.长江水运发展的若干问题分析 [J]. 长江航运研究，2012.

[20] 宋旭琴.我国航运企业产业链的整合模式研究 [J]. 广州航海高等专科学校学报，2011.

[21] 徐洁，王明志.关于促进长江航运企业健康发展的思考 [J]. 中国水运，2009.

[22] 刘昌明，刘小莽，郑红星.气候变化对水文水资源影响问题的探讨 [J]. 科学对社会的影响，2008 (2).

[23] 贾大山.经济发展凸显内河水运 [J]. 中国水运，2004(6).

[24] 刘元春.2014 至 2015 年中国宏观经济分析与预测 [EB/OL]. [2014-12-08]. http：//finance.people.com.cn/n/2014/1208/c1004-26164363.html.

[25] 袁曙宏.全面推进依法治国 [N]. 光明日报，2012-11-22.

[26] 陈永昌.全面准确把握三期叠加的新形势 [J]. 北方经贸，2014.

[27] 李斌.绿色发展中的政府角色定位探究 [J]. 经济论坛，2013.

[28] 王佳宁.长江经济带的战略要素 11 省市证据 [J]. 重庆社会科学，2014(8).

[29] 刘春超.浅议交通运输发展趋势 [J]. 交通科技，2014.

[30] 贾大山.中国水运发展战略探索：战略准备阶段回顾与新阶段发展展望 [M]. 大连：大连海事大学出版社，2007.

[31] 曾小凡，等.21 世纪前半叶长江流域气候趋势的一种预估 [J]. 气候变化研究进展，2007(5).

[32] 杰里米·里夫金.零边际成本社会 [M]. 北京：中信出版社，2014.